Bettina Büx

Du bist nicht allein

Illustriert von Martina Reimann

EchnAton Verlag

1. Auflage November 2023

Gesamtherstellung: Diana Schulz
Illustrationen: ©Martina Reimann
Lektorat: Ruth Kalmund
Printed in China by Imago

ISBN: 978-3-96442-059-6

Dieses Kartenset widme ich
meinem Vater und meiner Mutter
in der geistigen Welt, Franz und Lena.
Ihnen verdanke ich mein Leben.

Inhalt

Einleitung der Autorin 9
Einleitung der Künstlerin 13
Einführung zu den Bildern 15

1. Geh zur Quelle der Dinge 19
2. Sei, wie du sein willst 21
3. Übe Nachsicht mit dir 23
4. Wie du bist, bist du gut 25
5. Sei Herr in deinem Hause 27
6. Sei klar in deiner Zielsetzung 29
7. Lass dich nie von Angst leiten 31
8. Genieße deine eigene Anwesenheit 33
9. Suche in deinem Herzen 35
10. Hab Geduld mit dir selbst 37
11. Was du willst, das gebe 39
12. Du bist beschützt 41
13. Schließe Freundschaft mit dir selbst 43
14. Vertraue deinem Herzen 45
15. Liebe, was gebietest du? 47
16. Freu dich des Lebens 49
17. Vertraue deiner Motivation 51

18. Du bist nicht das Problem 53
19. Sei dir selbst treu 55
20. Schließe Frieden mit dir 57
21. Öffne dich für die Tragweite der Liebe 59
22. Tue, was du willst 61
23. Achte aufmerksam auf deine Bedürfnisse 63
24. Widerstrebe nicht dem Übel 65
25. Stelle dich in den Dienst Gottes 67
26. Auf zu neuen Ufern 69
27. Lass los, was deinen Frieden stört 71
28. Geh zu deinem besten Freund 73
29. Vergib dir deine Irrtümer 75
30. Die Antwort liegt in dir 77
31. Du bist Teil der Schöpfung 79
32. Bleibe achtsam 81
33. Genieße deine Lebensreise 83
34. Wer wagt, gewinnt 85
35. Sei reinen Herzens 87
36. Schreite mutig voran 89
37. Vertraue deiner Intuition 91
38. Vertraue der Dynamik des Lebens 93
39. Nimm dir Zeit 95
40. Was heilt, hat recht 97
41. Sei dankbar 99

42. Du bist Gottes Lieblingskind 101
43. Wie schön du bist 103
44. Es ist alles gut 105
45. Kultiviere dein Gewissen 107
46. Du und die anderen 109
47. Lerne, was du lehrst 111
48. Folge der Spur deiner Begeisterung 113

Über die Autorin 115
Über die Künstlerin 117
Alle lieferbaren Regulus-Bücher 119

Einleitung der Autorin

Hinter dem Namen »Regulus« steht eine Gruppe von wundervollen Lichtwesen, eine Gruppe von Geistführern, die es sich zur Aufgabe gemacht hat, uns Menschen bei unserem Seelenwachstum zu unterstützen und uns allzeit hilfreich zur Seite zu stehen.

Ich jedoch, die ich die große Freude und das Glück habe, die Botschaften aus der geistigen Welt empfangen und weitergeben zu dürfen, empfinde die Regulus-Gruppe als eine einzige Wesenheit. Dies ist nicht verwunderlich, denn ihrer eigenen Aussage zufolge lebt die Regulus-Gruppe in der Erzengelebene und somit im Lichte der göttlichen Einheit. Für uns Menschen ist Einheit bei gleichzeitiger Individualität ein unvereinbarer Widerspruch, nicht so in der göttlichen Wirklichkeit, in der es keine Dualität gibt.

Regulus selbst stellte sich mit folgenden Worten vor: »Da unser Sein im Bewusstsein des All-Einen ist, würdet ihr Menschen unsere Namen nicht als Namen erkennen. Ihr würdet nicht wahrnehmen können, dass sie bei völligem Gewahrsein der Einheit dennoch Individualität kennzeichnen, denn dies scheint aus eurem dualen Blickwinkel heraus ein unüberwindlicher

Widerspruch. Namen trennen uns genauso wenig von der Urquelle allen Seins, wie Namenlosigkeit uns identitätslos macht. Somit sind Namensgebung und Namenlosigkeit für uns in gleicher Weise gültig, denn wir sind, was wir sind.

Eure Frage nach Namen ist eurem Blickwinkel entsprechend angemessen und nachvollziehbar und wir werden ihr Folge leisten, jedoch nicht, ohne ausdrücklich zu betonen, dass wir, wenn wir euch Namen nennen, immer nur das bieten können, was ihr als Pseudonym bezeichnen würdet.

Ihr Menschen bezeichnet uns als geistige Führer, Lehrer, Wegbegleiter, außerhalb des aktiven Inkarnationszyklus stehend und euch dennoch seit Äonen zutiefst verbunden. Wir sind hier mit der ausdrücklichen Intention, gezielt unter jenen Einfluss nehmend zu wirken, die sowohl das Potenzial als auch den Willen für den Umstieg in die neue Schwingungsqualität mitgebracht haben. Wir sind hier, das in Bewegung zu setzen, was bewegt sein will. Wir sind die Gruppe um Regulus.«

Seit Äonen also sind uns diese Geistführer zutiefst in Liebe verbunden. Tatsächlich sind sie uns sehr viel näher, als wir Menschen ahnen können. Das tiefe Verständnis für unsere irdischen Lebensbedingungen, für all unsere Belange und für alles Menschliche legt unwiderlegbares Zeugnis davon ab. Auch in irdischen Gefilden sind wir niemals alleingelassen, auf all unseren Wegen sind wir begleitet, geführt und beschützt. Die unermessliche Liebe, die mir bei der Übermittlung der Botschaften zuteilwird, ist jenseits dessen, was ich beschreiben könnte, hier versagen alle Worte. Mit unvorstellbarer Liebe, Sanftmut und Geduld führt Regulus uns behutsam an die Selbstliebe heran, die der Dreh- und Angelpunkt jeglicher Persönlichkeitsentwicklung ist. Dic Ermutigung zur Selbstliebe zieht sich wie ein roter Faden durch all seine Botschaften.

Regulus betont des Öfteren, dass es so etwas wie ›Zufall‹ nicht gibt und nicht geben kann, denn im göttlichen Schöpfungsplan, der ein Plan der Liebe ist, gibt es kein Chaos. So ist denn auch die Tatsache, dass du nunmehr diese Karten in deinen Händen hältst, keine willkürliche ›Laune des Schicksals‹. Den größtmöglichen Nutzen ziehst du dann aus den Botschaftskarten, wenn du dir die jeweilige Nachricht zutiefst zu Herzen nimmst, denn die Dinge sind immer das, was wir daraus machen. Sei offenen Herzens für dich selbst und somit auch für die jeweilige Mitteilung. Des Weiteren regt Regulus an, immer nur eine Karte täglich zu ziehen und dieser Tagesbotschaft deine volle Aufmerksamkeit zu widmen. Bleibe nach Möglichkeit den ganzen Tag im Geiste der Botschaft und wiederhole die Affirmation so oft es dir beliebt.

So mögen die Botschaftskarten von Regulus dich durch deine Tage begleiten und dir zu größtmöglichem Segen und Glück gereichen.

Deine Bettina Büx

Einleitung der Künstlerin

Es ist mir eine Ehre, die Bilder für dieses Karten-Deck malen zu dürfen. Das Malen der Bilder – wobei ich eher vom Channeln der Bilder sprechen möchte – hat mir große Freude bereitet und ich gebe meinen Dank aus tiefstem Herzen an die geistige Welt.

Ebenfalls danke ich meiner Großmutter Nänä an dieser Stelle. Sie war und ist noch immer (auf geistiger Ebene) meine Verbündete. Sie führte mich auf den Weg zur Spiritualität und brachte mir bei, dass es zwischen Erde und Himmel so viel mehr gibt.

Immer an mich geglaubt haben mein Mann Thomas und meine Töchter Julia, Xenia und Anja. Ich danke euch mit jeder Faser meines Herzens für eure Liebe und dafür, dass ihr mir die Freiheit gegeben habt, meine Kunst leben zu dürfen. Und danke für eure Liebe, die ihr mir immer wieder aufs Neue zeigt.

Carmen, meiner Freundin aus Kindheitstagen danke ich für die vielen kraftvollen und auch lustigen Gespräche. Du hast jedes Hoch und Tief mit mir durchlebt und dafür danke ich Dir!

Und jeder Künstler benötigt nicht nur positive Worte, sondern auch kritische Anmerkungen. Euch, meine lieben Freunde, die ihr im Laufe der Jahre dazugekommen seid, danke ich für eure Freundschaft und jedes ehrliche Wort über die Bilder.

Ein Dank geht an die Verlegerin Diana Schulz. Durch sie konnte ich mein ganzes Potenzial zeigen und ich danke ihr, dass sie mir die Möglichkeit gibt, die Bilder nun auf dieser Welt wirken lassen zu können. Ein herzlicher Dank geht auch an Bettina Büx und Regulus!

Martina Reimann

Einführung zu den Bildern

Ein besonderer Dank gilt der Künstlerin Martina Reimann. Alle verwendeten Bilder in diesem Karten-Set wurden explizit für die jeweilige Botschaft gemalt. Die einzigen Hilfsmittel der Künstlerin sind Lineal, Tusche und Farbstifte. Es sind hochenergetische dreidimensionale Bilder, die sie aus der geistigen Welt empfangen und intuitiv gemalt hat. Für mich als Verlegerin ist jedes Werk ein kleines Wunder für sich. Nicht nur, dass Martina ohne Skizze und vorherige mathematische Berechnungen malt, sondern auch, dass sie mit ihren Bildern die Lebensenergie des Betrachters erhöht.

Messungen ergaben, dass der Bovis-Wert eines von Martina gemalten Bildes über 200.000 Einheiten beträgt. Im Vergleich dazu beträgt der Standard-Bovis-Wert eines gesunden Menschen zwischen 7.000 und 10.000 Bovis-Einheiten.

Was ist nun eigentlich eine Bovis-Einheit? Kurz gesagt handelt es sich hierbei um eine Messeinheit für Lebensenergie. Andere bekannte Begriffe dafür sind auch Prana oder Chi. Die Erkenntnis, dass sich Lebensenergien von Orten, Substanzen und Organismen messen lassen, verdanken wir dem Physiker Alfred Bovis (1871–1947).

Einen großen Stellenwert hat die Erfassung der Lebensenergie bei der Nahrungsaufnahme und unserem Umfeld. Nehmen wir Nahrung auf, die einen geringeren Bovis-Wert als die des Menschen hat, entzieht uns diese Nahrung eher Energie, als dass sie uns welche zuführt. Auch gilt dies für alle Gegenstände, mit denen wir uns umgeben.

Die hochenergetische Energie von Regulus und seinen Botschaften in Verbindung mit den Bildern ist einmalig. Daher empfehle ich dir, dich mit der jeweiligen Tageskarte zu verbinden und dich für die Energie der Karte zu öffnen. So gibst du dir die Möglichkeit, deine Lebensenergie aufzufüllen bzw. deinen eigenen Bovis-Wert zu erhöhen.

Diana Schulz
Verlegerin

»Nur um dich geht es hier
und das ist gut so,
denn du selbst bist das Wichtigste,
das es in deinem Leben geben kann.«
Regulus

Geh zur Quelle der Dinge

Bevor du Versprechungen Glauben schenkst, solltest du genau hinsehen, wer sie dir macht. Kennst du die Quelle der Dinge, dann weißt du alles über sie. Wem also willst du dein Vertrauen schenken? Deinem Ego oder deinem Höheren Selbst?

Dein Ego wird dir immer vorgaukeln, dass Angst berechtigt ist. Das Ego, also der Glaube an eine vom Urschöpfer allen Seins losgelöste Einzelexistenz, lässt Angst immer als angemessen erscheinen. Doch deine Wirklichkeit ist eine andere, denn du bist integraler Teil von Alles-was-Ist. Du bist Teil des Göttlichen und hast deinen Ursprung niemals verlassen. Hier ist Liebe und nichts als Liebe, denn nichts anderes wurde je geschaffen. Liebe ist Gott und Gott ist Liebe. Was also bist dann du?

Vertraue deinem Schöpfer und damit deinem Höheren Selbst, der leisen Stimme des Göttlichen in dir, das dir allzeit nur von Liebe spricht. In dem Maße, in dem du deiner göttlichen Herkunft vertraust, kannst du auch dir selbst vertrauen. Sind deine Gedanken, Gefühle und Handlungen von Liebe und Zuversicht motiviert und gespeist, dann sind sie stimmig mit deiner wahren Natur, denn sie entspringen dem Göttlichen und haben immer und ausnahmslos Glück zur Folge. Ist jedoch Angst die Triebfeder deiner Gedanken, Gefühle und Taten, dann agierst du aus dem Ego heraus – und somit wider deine wirkliche Natur.

Affirmation:
»Ich vertraue auf mein göttliches Erbe und
erfreue mich der Liebe in mir.«

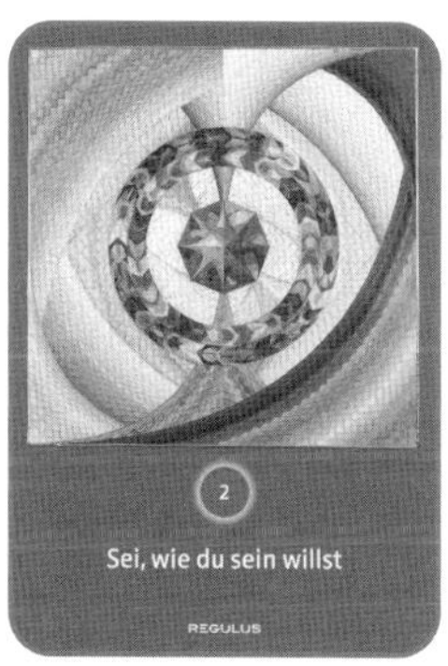

Sei, wie du sein willst

Wenn du dich liebst, so wie du bist, dann bist du so, wie du sein willst. Was kann es zu ändern geben für den, der sich selbst liebt? Je tiefer die Selbstliebe, desto näher kommst du deinem Ziel, denn mehr als Liebe kann es nicht zu wünschen geben.

Was, wenn nicht Selbstliebe ist deines Herzens schmerzlichster und sehnsüchtigster Begehr. Wenn du dich selbst liebst, dann bist du angekommen. Wenn du dich selbst liebst, dann hast du zu dir zurückgefunden, und mehr kann es nicht zu finden geben. Alles im Leben steht und fällt mit deiner Selbstwahrnehmung. Allein die Liebe zu dir selbst öffnet dir die Augen und das Herz für die bedingungslose und unermessliche Liebe deines Schöpfers, in der alle Sehnsucht deiner Seele ihre Erfüllung findet. Deine himmlische Heimat ist immer nur einen winzigen Liebeshauch von dir entfernt und es steht dir allzeit frei, dir diese Liebe zu schenken – in jedem Augenblick. Erkenne die Schönheit in dir selbst und wage es, dich zu lieben.

Du hast keinen Grund, dich nicht zu lieben, aber du hast sehr wohl allen Grund, mit Bewunderung und Ehrfurcht auf dich selbst zu blicken. Du bist Liebe. Wenn die Liebe sich nicht selbst liebt, dann höhlt sie sich von innen aus, entfernt sich von ihrem ureigensten Wesen und kann sich selbst nicht erkennen als das, was sie ist.

Wenn du dich nicht liebst, verirrst du dich in dir selbst auf der Suche nach dir selbst. Was dann bleibt, sind all die verzerrten Wahrnehmungen und Erscheinungen von Liebe, die dir deine unselige Distanz zu dir selbst noch erlaubt und ermöglicht. Besinne dich auf dich selbst! Niemand Geringerer als dein Schöpfer wartet darauf.

Affirmation:
»Gott liebt sich selbst in mir und durch mich.«

Übe Nachsicht mit dir

Übe Nachsicht mit allem, was dich an dir stört. Vor allem aber, übe Nachsicht mit der Tatsache, dass es Dinge gibt, die dich an dir stören. Nachsicht ist Schadensbegrenzung! Wer sich nicht auf die Anklagebank setzt, braucht keinen Verteidiger.

Erlaube dir Unvollkommenheit! In der Nachsicht mit dir selbst und deinem eigenen Sosein nimmst du dich selbst wiegend in die Arme. Dies kommt nicht nur deinem inneren Kind zugute, sondern ebenso dem reifen und mündigen Erwachsenen, der es gelernt hat, für sich selbst, seine Belange und Interessen einzustehen und sich selbst zu geben, was er braucht.

Der Schlüssel zur Nachsicht ist das Verständnis. Liebe weitet den Blick immer und jederzeit. Liebe heilt die Wahrnehmung und korrigiert die Sicht der Dinge.

Wenn du dich selbst aufmerksam beobachtest, dann wirst du erstaunt feststellen, wie sehr, wie oft und mit welch spontaner Selbstverständlichkeit du dich selbst verurteilst. Im begierigen Eifer, ein besserer Mensch werden zu wollen und all das in dir auszumerzen, was du verurteilst, stärkst du nicht ›das Gute‹, sondern die Selbstverachtung und den Glauben an deine Unzulänglichkeit. So ehrenwert dein angestrebtes Ziel auch sein mag, wenn du mit lieblosen Mitteln gegen dich vorgehst, arbeitest du immer und ausnahmslos gegen dich selbst und nie zu deinem Vorteil. Lieblosigkeit kann immer nur Schaden anrichten.

Affirmation:
»In Wirklichkeit ist alles gut und
so bin auch ich es ganz gewiss.«

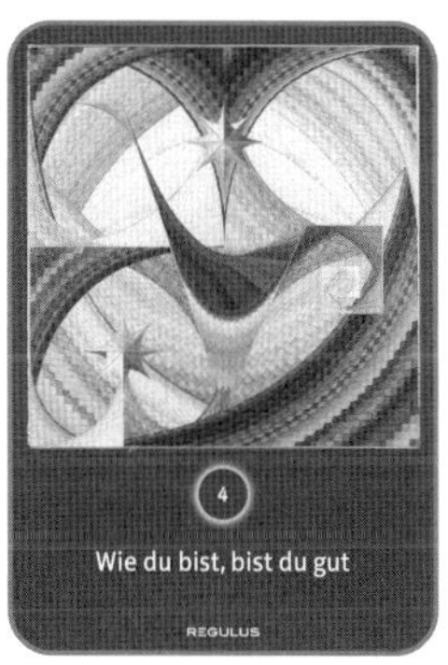

Wie du bist, bist du gut

Dein Ego wird dir immer vorgaukeln, dass du erst noch gut werden musst, um zu verschleiern, dass du es bereits bist. Genüge dir selbst und du erkennst, dass du deinem Schöpfer genügst. Ehre dich selbst und deine wundervolle Einmaligkeit! Fürchte dich nicht vor dir und davor, dich selbst zu lieben! Wer sich selbst liebt, der gibt Gott recht. Also denke groß von dir, dein Schöpfer tut es auch.

Wer auf Knien sucht, findet nur, was unten liegt. In deinem Herzen findest du die Wahrheit über dich, öffne es für dich selbst und du öffnest es gleichermaßen für all deine Mitmenschen und die ganze Schöpfung.

Es gibt nichts zu tun, es gibt nichts zu werden, es gibt alles zu erkennen. So wie du bist, bist du gut, und du bist es bereits jetzt. Die tiefe Aussöhnung mit der geballten Wucht deiner ganzen wundervollen Menschlichkeit drängt tief in deinem Herzen. Aussöhnung mit deiner Menschlichkeit ist Aussöhnung mit deinen Grenzen. Kannst du dich mit dir selbst begnügen? Kannst du mit deinem Herzen Frieden schließen und somit dein Leben befrieden?

Wenn du dich selbst liebst, dann siehst du dich in völlig neuem Lichte, denn dann blickst du mit Gottes Augen auf dich selbst. Dann ist schlagartig alles gut, so wie es ist. Vor allem aber bist du es dann. Das ist Erlösung! Im Angesicht dieser Erkenntnis verblasst jede Verurteilung deiner Menschlichkeit wie ein grässliches Trugbild und löst sich völlig auf.

Affirmation:
»Heute blicke ich mit Gottes Augen
auf mich selbst.«

Sei Herr in deinem Hause

Liebe ist die größte Macht im Universum, wem also willst du dein Vertrauen schenken? Das Göttliche in dir übernimmt nicht erst dann die Führung, wenn es anerkannt wird, es war schon immer da. Für dich jedoch geht es um die bewusste Wahrnehmung und Anerkennung dessen, wer schon immer der Herr in deinem Hause war. Vertraue der Liebe in dir! Die Liebe in dir ist die Liebe zu dir. Wer sich selbst liebt, der vertraut dem Höchsten und Größten in der Schöpfung. Wer zum Hirten gehen kann, der gehe nicht zum Hunde.

Die Liebe wartet darauf, freudig von dir ergriffen und beansprucht zu werden, denn sie ist dein göttliches Erbe. Das Ego fürchtet die Autorität des Höheren Selbst, denn hier ist seiner Macht ein Ende gesetzt. In dem Maße, in dem du die göttliche Autorität in dir anerkennst, löst sich der Einfluss des Ego auf.

Die Anziehung der Angst mag gewaltig sein, doch die Anziehung der Liebe Gottes ist unwiderstehlich. Und so steht es dir frei, wem du vertrauen willst, dem Egophantom oder deiner göttlichen Identität.

Dein Bedürfnis nach Autorität entstammt deiner Sehnsucht nach Sicherheit und Schutz. Diese sichere Führung ist nur in deiner eigenen Identität zu finden. Jede Frustration, jede Enttäuschung ist ein Fingerzeig und der Ruf Gottes in dir, die einzig wahre Autorität, die es jemals geben kann, in deinem Leben anzuerkennen.

Affirmation:
»Ich unterstelle mich Gottes Schutz,
in ihm bin ich sicher.«

Sei klar in deiner Zielsetzung

Du kannst dich selbst niemals lieben, indem du dir Liebloses antust. Dies ist allzeit vollkommen unmöglich, denn der Weg und das Ziel sind ein und dasselbe. Der Zweck heiligt niemals die Mittel, er bestimmt sie. Die Mittel legen Zeugnis ab für ihren Zweck. Der Weg hin zur Liebe kann nur mit Liebe gefunden und gegangen werden. Überprüfe deine Mittel und wenn sie lieblos sind, dann wähle erneut und wähle weise. Wer nach Süden will, der sollte nicht nach Norden gehen!

Liebe ist der direkte, kürzeste und einzige Weg ins Glück. Das Göttliche, das nur liebenden Zweck anstreben kann, huldigt nur liebenden Mitteln, denn das Mittel ist so sehr Teil des Zwecks, wie der Weg Teil des Zieles ist. Geh deinen Weg mit Liebe, denn wer Liebe sucht, wird Liebe finden. Du kannst dich selbst nicht überlisten. Wer sich selbst verletzt mit dem Ziel, sich dadurch eher lieben zu können, ist wie einer, der in die Berge fährt und sich dann wundert, dass er nicht am Strand liegen kann.

Selbstverachtung, die dir vormacht, sie sei Liebe, spottet deiner menschlichen Würde. Dein Höheres Selbst kennt den Unterschied. Es weiß um die Bedingungslosigkeit deiner Daseinsberechtigung. Alles, was ist, ist bedingungslos geliebt, sonst wäre es nicht und könnte niemals sein.

Liebe kann keine Einschränkungen auferlegen und Forderungen stellen. Was Bedingungen stellt, kann niemals Liebe sein.

Affirmation:
»Ich gehe sorgsam und respektvoll mit
mir selbst um, so wie es mir gebührt.«

Lass dich nie von Angst leiten

Wo der Weg mit Furcht gepflastert ist, da führt er nie nach Hause. Lass dich also nie von Angst leiten und mache keine Ausnahme von dieser Regel! Wenn du Angst hast und alle Mühe, dein Gemüt zu beschützen und deinen Seelenfrieden zu bewahren, dann stelle nicht die Inhalte deiner Angst infrage, sondern vielmehr die Angst als solche. Nie wird die Angst nachhaltiger geschwächt!

Die größte und stärkste Macht, die du der Angst in den Weg stellen kannst, ist tiefes, blindes Vertrauen in die Liebe und ihre Wirkungen. Angst kann nie gleichzeitig mit Liebe auftreten, denn wo Liebe regiert, da ist Angst völlig unmöglich. Liebe ist das einzig mögliche und notwendige Bollwerk gegen die Versuchung der Angst. Liebe genügt, das tut sie immer!

Es steht dir allzeit völlig frei, dich zu definieren, wie immer du es willst. In jedem Augenblick deines ewigen, heiligen Seins kannst du wählen und dich somit neu definieren und wahrnehmen. Mit jeder Entscheidung zur Angst, zur Verleugnung deines göttlichen Erbes, hast du dir einen Dämon geschaffen. Wenn du dich entscheidest, dein wahres Erbe anzutreten, wirst du der Versuchung des Ego nicht weiterhin erliegen wollen, deine wahre Identität mit Angstenergie zu verschleiern. Es kann keine größere Entfremdung von Gott und damit von dir selbst geben als im Zustand der Angst. Nur dies macht sie zum schmerzlichsten aller Gemütszustände. Nichts ist weiter von deiner wahren Natur entfernt.

Affirmation:
»Ich ignoriere den Lockruf der Angst
und wende mich der Liebe zu.«

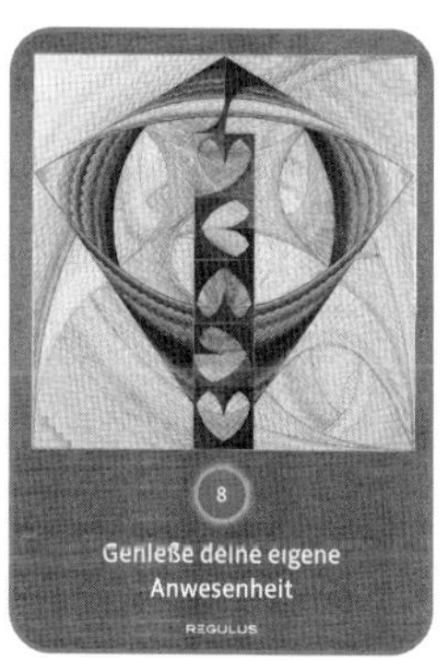

Genieße deine eigene Anwesenheit

Geliebtes Gotteskind, du bist Teil von Alles-was-Ist. Was also kann fehlen, wenn du ›allein‹ bist? Im Lichte Gottes betrachtet gibt es nichts, wovon du nicht Teil wärest. Nichts, das nicht in dir selbst vorhanden, verfügbar und zugänglich wäre.

Im Lichte der göttlichen Wahrheit, in der es keine Trennung geben kann, ist Einsamkeit ein Konzept ohne Sinn und Substanz. Die Angst vor dem Alleinsein ist die direkte Folge des Glaubens an Trennung und somit an Mangel. Wie, wenn nicht in der Liebe, könnte sich die Furcht vor dem Alleinsein als Irrtum zu erkennen geben?

Liebe macht nicht vollständig. Liebe ist die Wahrnehmung der Vollständigkeit. Die vermeintliche und illusorische Trennung vom Urquell allen Lebens ist die Geburtsstunde jeglicher denkbarer Angsterfahrung. Tief sitzt dein Trennungsschmerz und nur mit Liebe ist er zu überwinden, ist doch allein die Liebe in der Lage, die Illusion als solche zu enttarnen.

Tatsächlich ist nichts und niemand jemals allein. Die Verbindung von allem mit allem, was da ist, ist eine sehr viel engere, eine ungleich konkretere, als dir in irdischen Gefilden bewusst sein dürfte und bewusst sein kann.

Kannst du denn wirklich glauben, dein himmlischer Vater ließe dich allein in deiner Not? In dem Maße, in dem du deine eigene Anwesenheit genießen kannst, erwachst du zum Bewusstsein Gottes in dir.

Affirmation:
»Ich bin in Gott und Gott ist in mir,
ich bin in bester Gesellschaft.«

Suche in deinem Herzen

Wenn du Gott im Himmel suchst, kannst du ihn nicht auf Erden finden. Und in dir selbst schon gar nicht! Gott ist Liebe und Liebe ist Gott. Die göttliche Allgegenwart garantiert dir die ewige Präsenz der Liebe; auch in dir und in deinem Herzen kannst du sie entdecken und fühlen. Sie ist allzeit und überall für dich erreichbar, ist sie doch dein angestammtes, göttliches Erbe.

Deine Welt ist kein gottloser Ort, so etwas kann es niemals geben. Nie und nirgendwo bist du allein in deiner Not! In der Welt ist Liebe, weil du in der Welt bist. Suche also den Schatz in deinem Herzen und überlasse dem Kopf das Ausgraben. Wo auch immer du sein magst, da wirst du fündig, denn wie im Himmel, so auf Erden. Dein liebendes Herz sieht Gott. Dein liebendes Herz ist Gott, der sich selbst sieht. Dein liebendes Herz ist Gott, der sich selbst erkennt und manifestiert. Das ist die einzig gültige Wahrheit über dich, die es jetzt und ewig geben kann.

Wenn du dein wahres Selbst erkennen willst, musst du dich selbst lieben, denn du kannst unmöglich aus einer anderen Essenz bestehen, als der desjenigen, aus dem du hervorgegangen bist. Wenn nun aber nichts existieren kann, das nicht von Gott erschaffen und somit Teil von ihm ist, dann ergibt sich in der logischen Konsequenz die einzig mögliche Erkenntnis: Alles ist Liebe. Alles besteht aus Liebe. Es kann nichts existieren, das nicht aus Liebe bestünde.

Affirmation:
»Liebe schuf mich, Liebe bin ich.«

Hab Geduld mit dir selbst

Geduld ist der ewige, göttliche Atem der Liebe und ihre logische Konsequenz. Geduld ist Liebe ›ohne Wenn und Aber‹. Sie erwächst aus dem blinden Vertrauen in die tiefe Sinnhaftigkeit des Lebens und in alles, was darin geschieht.

Je mehr du dich selbst liebst, desto hinfälliger wird jeder Grund zur Eile, zu Hatz, Unruhe und Besorgnis. Liebe ist die bejahende Akzeptanz des Soseins, die keine Bedingungen kennt. Geduld ist sowohl Respekt vor der eigenen Menschlichkeit als auch Achtung vor der eigenen Göttlichkeit.

Ungeduld jedoch greift die Wahrnehmung deiner göttlichen Vollkommenheit an, weil sie diese infrage stellt. Der Schlüssel zur Geduld liegt in der liebenden Anerkennung deines eigenen wundervollen und einmaligen Soseins begründet. Die Geduld bietet immer einen sicheren Maßstab für die Liebe zum Selbst. Geduld macht Liebe im wahrsten Sinne des Wortes zeitlos. Damit entspricht sie der Wirklichkeit der Liebe, die ewig außerhalb von Raum und Zeit existiert und mit dem einschränkenden Konzept der Zeit nichts anzufangen weiß.

Die Geduld ist die Anerkennung der Liebe als übergeordnete Wahrheit und steht ihr deshalb so nahe; sie ist nichts als die konsequente Logik der Liebe, denn sie ergibt sich ganz natürlich aus ihr. Liebe ist jetzt – oder sie ist gar nicht. Dort aber, wo sie ist, da ist Akzeptanz des Soseins. Weil Liebe den Status quo niemals angreift, ist Geduld ihr natürliches Attribut.

Affirmation:
»So, wie es jetzt ist, ist es gut.
Sei es, wie es da wolle.«

Was du willst, das gebe

Nur Liebe ist wirklich, denn nichts als Liebe ward je geschaffen. Liebe kannst du jedoch nicht haben, denn Liebe bist du. Was auch immer du zu haben glaubst, es ist vergänglich, es fällt der Zeit anheim, die selbst illusorisch ist.

Dein Sein jedoch ist so ewig wie die Liebe selbst. Und so ist es, dass du allzeit nur das hüten kannst, was du zu geben bereit bist. Liebe dehnt sich aus, sie mehrt, weitet und vertieft sich, indem sie sich verschenkt. Was sich jedoch nicht vermehrt, wenn du es gibst, das kann keinen Wirklichkeitsgehalt haben und ist somit vergänglich.

Willst Du Liebe, dann verschenke sie! Sei verschwenderisch! Wer die Liebe für sich behalten will, dem ist sie schon entglitten, denn was sich nicht verschenken will, kann keine Liebe sein. Sei es, was es da wolle, aber ganz gewiss keine Liebe. Es liegt in der Natur von Alles-was-Ist, sich auszudehnen, sich wegzugeben, sich zu verschenken und sich dennoch – und gerade dadurch – selbst zu vergrößern und zu erweitern.

Gott ist ewige Ausdehnung seiner selbst, niemals wird er ›weniger‹. Alles, was wirklich ist, wird mehr, wenn es sich verschenkt. Illusionen kommen und gehen, sie gehen verloren und das ist gut so. Liebe hingegen geht niemals verloren, sie mehrt sich durch ihre Hingabe. Dies vermag nur die Liebe. Je mehr Liebe du gibst, desto größer dein Seelenwachstum. Es gibt keinen Ersatz für Liebe.

Affirmation:
»Ich lebe und liebe
in Hülle und Fülle.«

Du bist beschützt

Der Mensch, der geliebt wird, lebt wie in einer Wolke aus Licht und auch du wirst unermesslich geliebt. Öffne dein Herz und schärfe deine Sinne für die unendliche Liebe deines Schöpfers. So gehst du hocherhobenen Hauptes und sicheren, festen Schrittes durch dein Leben. Im Lichte der Liebe Gottes kannst du es getrost wagen, dich selbst liebend in die Arme zu schließen und dich in deiner ganzen Individualität anzunehmen.

Liebe ist pure Omnipotenz. Liebe macht dich stark im Glauben an dich selbst. In dieser Weise bestärkt und geschützt, ist die Liebe der ewige, nie endende Rückenwind deines Lebens. Der Kluge wird aus Schaden klug, der Weise jedoch vermeidet ihn! Lasse dich lieben, von deinem Schöpfer und auch von dir selbst - und du vermeidest jeden Schaden.

Die Ermahnung zur Selbstliebe ist die höchste, weiseste und wirkungsvollste Form von Schutz, die du dir angedeihen lassen kannst. Sie ist das kompromissloseste und eindeutigste »Ja«, das es geben kann. Der Aufruf zur Selbstliebe ist Liebe in ihrer höchsten und schönsten Ausprägung, denn er ist ein Angebot von Unabhängigkeit und Freiheit. Wo keine Abhängigkeiten sind, sind auch keine Zwänge.

Wer wahrhaft beschützen will, der fördert die Autonomie. Die Liebe als solche bietet dem Geliebten völlig selbstverständlich Schutz, und zwar ganz und gar aus sich selbst heraus, durch ihr reines Sein. Die Wirkungen dieser Liebe sind schier unbeschreiblich, sie wirkt ähnlich wie ein Blitzableiter und fügt die Dinge auf wundersame Weise.

Affirmation:
»Ich bin völlig sicher und geborgen
auf all meinen Wegen.«

Schließe Freundschaft mit dir selbst

Alles ist eins. Trennung ist Illusion. Je freier von Bedingungen du dich selbst liebst, desto bedingungsloser liebst du auch deine Mitmenschen und alles, was ist. Wenn Liebe Bedingungen stellt, dann ist sie keine, denn keine Schleife kann zum Geschenke machen, wenn die Rechnung folgt.

Deine Selbstwahrnehmung bestimmt allzeit deine Erfahrungen; sie ist der Dreh- und Angelpunkt jeder Wahrnehmung in deiner Außenwelt. Das Maß an Liebe, das du für dich selbst entdeckst, findest du niemals für dich allein. Du bringst diese Liebe ganz selbstverständlich auch für deine Mitmenschen auf. Liebe ist der mächtigste aller Selbstläufer, denn wo sie erkannt ist, da dehnt sie sich in alle Richtungen aus und potenziert sich.

Selbstliebe kann keine schädlichen Nebenwirkungen haben, weder für dich selbst noch für andere. Du kannst nicht geben, was du in dir und für dich selbst nicht entdeckt hast. Selbstliebe aktiviert im Nächsten die direkte Rückkopplung an den eigenen Erlösungswillen, der im Höheren Selbst liegt. Wie ein göttliches Lauffeuer greift Selbstachtung um sich. Was für dich selbst gut ist, kann auch deinen Mitmenschen nur zum Segen gereichen, und mag es noch so wenig danach aussehen.

Du kannst dir selbst niemals geben, ohne anderen zu geben, und was du anderen gibst, ist dir selbst geschenkt. Liebe erlöst alle Ebenen gleichzeitig, denn Liebe heilt alles.

Affirmation:
»Ich bin eins mit allem,
weil ich liebe.«

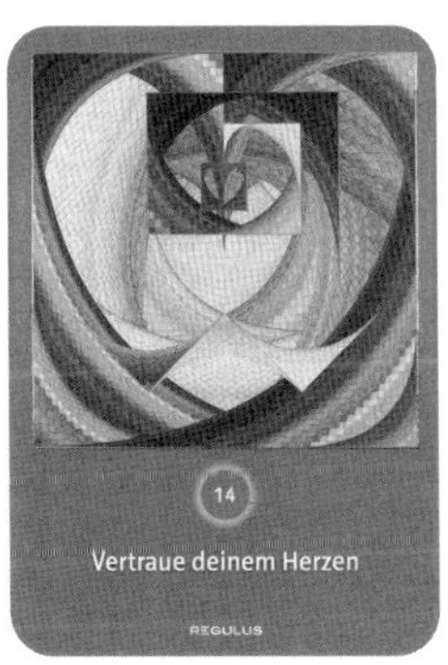

Vertraue deinem Herzen

In der Welt, so wie sie sich dir darstellt, weht wahrhaft ein rauer Wind. Wenn du immer noch glaubst, der Sprung in die Ungewissheit der Liebe sei ein Sprung ins kalte Wasser, dann sei dir gesagt, dass es ein Sprung aus dem kalten Wasser heraus ist. Was glaubst du denn, wo du jetzt bist?

Im blinden Vertrauen auf die Allmacht der Liebe bist du allzeit bestens beraten. Wenn du der Liebe vertraust, dann vertraust du deinem Schöpfer, der Liebe ist. In dem Maße, in dem du deinem Schöpfer vertraust, kannst du auch dir selbst und deinem Leben vertrauen.

Das Leben als solches hat seine ureigene Dynamik und je tiefer dein Vertrauen in die Liebe, desto freier und wundersamer kann es sich entfalten und dir seine zahllosen Geschenke anbieten. In der Liebe breitet sich das Leben vor dir aus in all seiner unermesslichen Fülle und atemberaubenden Schönheit. Wenn du der Liebe misstraust und sie fürchtest, dann bist du wie ein Fisch, der an Land geht, weil er das Wasser fürchtet. Liebe ist dein Lebenselixier, sie ist die Essenz deiner Seele, der Stoff, aus dem du gemacht bist.

Du fürchtest das Licht, weil du nur die Dunkelheit kennst. Doch Angst ist die Verleugnung Gottes in dir und damit Verleugnung deiner selbst. Wo aber Liebe ist, ist jede Angst ihrer Nahrung beraubt, denn Angst ist die Illusion der Abwesenheit von Liebe. Es ist eine Eigenart der Angst, dass sie erst dann als unsinnig erkannt wird, wenn sie überwunden ist. Die Erkenntnis ihrer Unsinnigkeit ist ihre Überwindung.

Affirmation:
»Aus Liebe bin ich gemacht,
ihr kann ich vertrauen.«

Liebe, was gebietest du?

Liebe nutzt man, indem man ihr dient. Willst du in den Genuss aller Segnungen der Liebe kommen, dann diene ihr. Liebe will nichts als lieben, Lieben ist Dienen. Sie will nichts anderes und sie kann nichts anderes wollen. Wer jemals mit der Liebe in Berührung kam, den lässt sie nicht mehr los, denn Liebe – und nur Liebe – ist Glück.

In dem Maße, in dem du der Liebe dienst, ergreifst du die Herrschaft über dein Leben. Nur wer liebt, der herrscht. Alle anderen Formen von Herrschaft sind illusorisch und somit vergänglich wie Schall und

Rauch. Bist du ratlos, dann frage, was die Liebe gebietet. Kürzer kann dein Weg ins Glück niemals sein. Liebe macht keine Umwege, sie ist der direkte Weg in die Glückseligkeit.

Liebe, was gebietest du? Damit ist die Entscheidung, was zu tun ist, ganz einfach eine Frage der bewussten, willentlichen Wahl. Sie ist eine klare, eindeutige Absichtserklärung. Es handelt sich sozusagen um einen Vertrag, den du mit dir selbst abschließt.

Die bewusste Erklärung der Absicht, dir selbst zu vertrauen, bezeugt dein Vertrauen in dein göttliches Erbe. Das für dein Erwachen charakteristische Wissen um das göttliche Potenzial deines eigenen Wesens lässt das Vertrauen in dich selbst nicht länger als einen mutigen Hochseilakt ohne Sicherheitsnetz erscheinen. Erleuchtung ist sowohl ein Kind der Freiheit als auch der Verantwortlichkeit. Liebe, was gebietest du? Liebesdienst ist Herrschaft. Nur Angst ist Unterwerfung.

Affirmation:
»Heute ergreife ich freudig meine Macht
und diene der Liebe in und zu mir selbst.«

Freu dich des Lebens

Frohsinn und Humor sind göttliche Seinsattribute. Dies offenbart sich in der Tatsache, dass Frohsinn niemals gleichzeitig mit Angst auftreten kann. In jedem Lachen erkennt Gott sich selbst in dir an, denn Frohsinn und Heiterkeit setzen sowohl Selbstbejahung als auch Lebensbejahung voraus.

In jedem Lachen sagt das Göttliche in dir zu sich selbst: »Ja, ich habe mich erkannt!« So hat der Schöpfer das Leben gemeint und so will es verstanden sein. Humor hilft dir auch dann noch über vieles hinweg, wenn dein Verstand versagt hat. Frohsinn ist

Balsam für deine Seele, denn er beschwichtigt dein Herz, wenn dir schwer zumute ist. Humor relativiert die Dinge und zieht ihnen den schmerzlichen Stachel. In stürmischer See aufgepeitschter Gefühle kann Humor wirken wie eine augenblicklich eintretende Windstille. Im Humor stellst du den Tiefen deines Lebens all deine Kraft entgegen. Nimmst du dein Leben ernst genug, um ihm Humor entgegenzusetzen?

Humor relativiert die Dinge, weil er sie emotional entschärft. Diese Entschärfung lockert die Fixierung auf das Problem und du kannst einen Abstand dazu finden, der es dir ermöglicht, das Problem einfacher zu lösen.

Humor heilt deine Wahrnehmung. Die emotionale Entladung, die mit dem Humor einhergeht, schafft inneren Raum für Lösungspotenziale. Frohsinn und Humor erinnern dich daran, dein Leben zu feiern. So ist der Humor die grundsätzliche, natürliche Lebenseinstellung dessen, der das Leben erkannt hat als das, was es ist.

Affirmation:
»Mit Humor feiere ich mich selbst
und den Ernst des Lebens.«

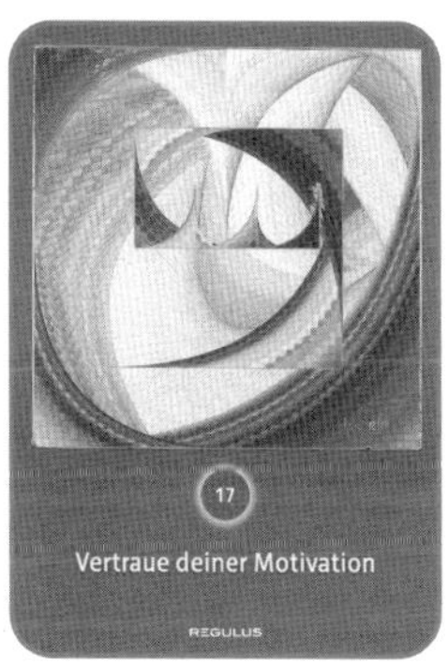

Vertraue deiner Motivation

Immer und ausnahmslos liegt die tiefe Bedeutung der Dinge in der dahinterstehenden Motivation. Der Kern einer Sache liegt allzeit in der ihr zugrunde liegenden Absicht. Sind deine Taten und Handlungen von Liebe motiviert, dann kannst du ihnen blind vertrauen.

In deiner Welt sind die Dinge oftmals verwirrend und irreführend, und so suchst du nach Wegweisern und Orientierungshilfen. Wo Liebe die Triebfeder ist, da führen die Dinge immer zum Segen, auch dann noch, wenn die Situation wie ein Fluch anmuten mag. Vertraue der Liebe, auch und gerade dann, wenn es dir an Verständnis für die Situation mangelt. Die Weisheit der Liebe ist unermesslich und übersteigt das menschliche Fassungsvermögen um ein Vielfaches.

Was möchtest du bewirken? Welches Ziel strebst du an? Kannst du denn wirklich glauben, wenn auch nur für einen Augenblick, dass du das Gute willst und dennoch Böses bewirkst? Das ist allzeit völlig unmöglich. Liebe lässt von Liebe nicht! Sind deine Handlungen von Liebe motiviert, dann zeitigen sie Liebe und nichts als Liebe.

In deiner Welt sind die Dinge nur selten das, was sie scheinen. Hier mag es mitunter so anmuten, als sei der Weg in die Hölle gepflastert mit den besten Absichten. Doch im Lichte der Wahrheit ist dem nicht so, denn der vermeintliche Fluch führt immer und ausnahmslos zum Segen. Wo Liebe ist, da kann es keinen Fluch geben. So etwas ist im göttlichen Schöpfungsplan, der ein Plan der Liebe ist, nicht vorgesehen. Nur Liebe ist.

Affirmation:
»Ich vertraue meinen Absichten und
verlasse mich auf die Weisheit der Liebe.«

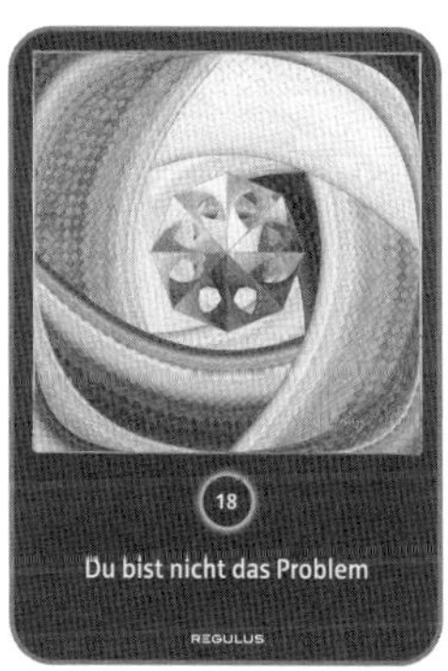

Du bist nicht das Problem

Dein Problem ist nicht das, was du bist, sondern was du zu sein glaubst. Genüge dir selbst und du erkennst, dass du deinem Schöpfer genügst. Immer dann, wenn du dir selbst die Liebe verweigerst, fällst du der Wahrnehmungsverzerrung und damit der Angst anheim. An der Art und Weise, wie du dich selbst wahrnimmst, entscheidet sich dein Schicksal. Die Korrektur des Blickes auf dich selbst hin zur Liebe ist die erste und einzige Voraussetzung für jede Veränderung und führt schließlich zur positiven Wende. Das Aufgeben von Selbstverurteilung und die bedingungslose Akzeptanz deiner eigenen Persönlichkeit sind die Schlüssel zum Glück. Du bist kein Problem, das es zu lösen gilt, du bist das unermesslich geliebte Kind Gottes. Die Zeit der blinden Flecken und toten Winkel in deiner Selbstwahrnehmung ist vorbei. Im Bewusstsein der Liebe, und nur hier, bist du endlich bei vollem Bewusstsein. Da ist wohl kaum ein Mensch, der sich selbst nicht in Zwiespältigkeit gegenübersteht, so auch du.

In der Abwesenheit von Liebe ist jede Art von Entwicklung und Voranschreiten ewig und vollkommen unmöglich. Dies ist und war schon immer so. Nun ist es an der Zeit, dass du es erkennst. Aus Dunkelheit kann kein Licht hervorgehen und aus Selbstverletzung keine Heilung. Selbstgenügsamkeit ist deine konkret und praktisch gelebte Ehrerbietung an deinen Schöpfer. Im Lichte der Liebe erkennst du endlich die Absurdität deiner Wahrnehmung von Mangelhaftigkeit und Ungenügen.

Affirmation:
»Ich schließe Freundschaft mit mir selbst.«

Sei dir selbst treu

Nichts schmeckt dem Menschen süßer als die Treue zu sich selbst. Treue zum Selbst und Treue zum Nächsten sind niemals unverträgliche Gegensätze. Wer sich selbst gegenüber treu ist, der kann unmöglich gegen einen anderen fehlgehen.

Aus deinem dualen und somit eingeschränkten Blickwinkel heraus mag es mitunter so anmuten, die Wirklichkeit der Dinge ist jedoch eine andere. Treue ist Liebe und Liebe hat weder Risiken noch Nebenwirkungen, für nichts und für niemanden. Wer der Liebe zu sich selbst wie auch aller Liebe aus sich selbst heraus treu bleibt, der wird nie und nimmer in eine verfängliche, widersprüchliche oder unhaltbare Situation kommen.

Wo wirklich Liebe ist, da sind die Bedürfnisse, Wünsche und Ziele niemals in Widerstreit miteinander. Sei der Liebe treu und sei dir selbst treu, denn siehe, das ist ein und dasselbe! Wenn du das nicht weißt, dann hast du vergessen, wer und was du bist. Treue dir selbst gegenüber bedeutet, die Dinge in der Art zu tun und zu unterlassen, wie du damit aus tiefstem, ehrlichem Herzen einverstanden bist.

Dir selbst treu sein bedeutet, dich selbst kompromisslos ernst zu nehmen und dementsprechend abzuwägen, zu entscheiden und zu handeln. In dem Maße, in dem deine äußeren Handlungen stimmig sind mit deiner Innenwelt, lernst du dich tiefer und besser kennen. Dein ›Kunstwerk Leben‹ kann sich nie besser und schöner entfalten, denn du lernst, wohin dein Sosein dich führt. Jedes Menschenleben ist ein perfektes Einzelstück, ein absolutes Unikat - und so einmalig und einzigartig wie du selbst.

Affirmation:
»Ich bin stolz, ich selbst zu sein.«

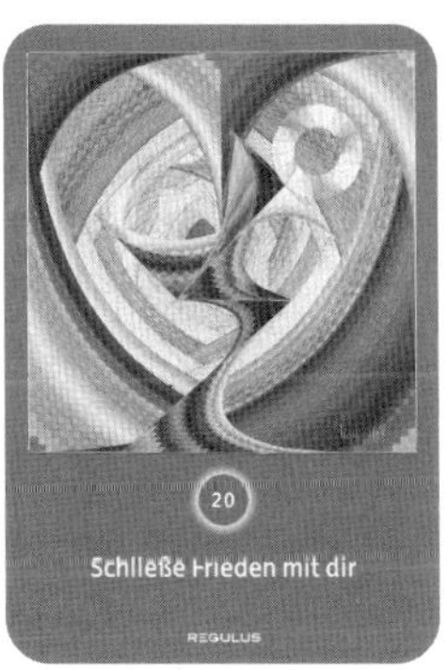

Schließe Frieden mit dir

Schließe endlich Frieden mit dir und gib dir selbst freies Geleit durch dein Leben. Innerer Frieden ist der höchste Zustand von Unabhängigkeit, den du erlangen kannst. Frieden wirkt höchst heilerisch, er ist Wohltat, Wonne, Entspannung und permanente Erholung.

Frieden ist die Nachhut der Selbstliebe und wohl ihre nachhaltigste und augenfälligste Konsequenz. Frieden entsteht aus dem Zustand des Einsseins mit dir selbst. Er heilt alles bisher noch Ungeheilte in dir und hilft, mit dir selbst in Einklang zu sein.

Seelenfrieden ist Heilung auf höchster Ebene, denn er lässt Kümmernis und Leid erst gar nicht aufkommen. Kann es eine bessere und effektivere Schmerzbekämpfung geben als seine Vermeidung?

Seelenfrieden entsteht dann, wenn du ›Waffenstillstand‹ mit dir selbst schließt. Nur in der Selbstliebe ist ein Friedensabkommen mit deiner eigenen Person möglich. Nur der Frieden mit dir kann dir Frieden in dir bringen. Angst impliziert schon von ihrer Definition her die Abwesenheit von Frieden. So zwingend, wie Frieden dort ist und sein muss, wo Liebe ist, so zwingend kann Frieden nicht dort sein, wo Angst ist. Die Angst ›vertreibt‹ den Frieden, weil sie nur dort auftreten kann, wo es an Liebeserkenntnis fehlt.

Frieden gehört so sehr zur Liebe, wie das Licht zur Sonne. Nur die göttliche Wirklichkeit bietet wirklichen Frieden, weil sie wirklich ist. An dieser Hürde wird das illusionäre Ego ewig scheitern. Dein Frieden ist unfehlbares Indiz für deine Nähe zu deiner wahren Identität und Wirklichkeit, die du mit deinem Schöpfer teilst.

Affirmation:
»Ich habe keinen Grund, mich anzugreifen,
zu stören und zu ängstigen.«

Öffne dich für die Tragweite der Liebe

Selbstliebe ist der göttliche Beschleuniger auf deinem Weg zurück in deine himmlische Heimat. Je tiefer du in die Liebeserfahrung eintauchst, desto mehr verliert das Leidpotenzial an Boden in deinem Leben und in deiner Welt.

Lebensprogramm - jedes Lebensprogramm - ist Liebesprogramm, denn nichts als Liebe wurde je geschaffen. Was, wenn nicht Liebe, könnte es also zu erkennen geben? Liebe allein holt dir den Himmel auf die Erde, denn Liebe ist der Himmel. Der Himmel ist in dir; wo, wenn nicht dort, könnte er zu finden sein?

Alle Welten, alle Dimensionen sind von Liebe beseelt, durchwoben und getragen und auch in deiner Welt wartet die Liebe darauf, freudig von dir erschaut und ergriffen zu werden. Alles, was nicht Liebe ist, ist Illusion. Auf dich jedoch wartet die ewig gültige Wirklichkeit. Nichts ist wirklich von dieser Welt. Nichts, was wirklich ist, ist von dieser Welt.

Die Welt selbst, so wie sie sich dir darstellt, ist eine Illusion. Die Welt ist eine Illusion, weil sie Angst wirklich und begründet erscheinen lässt. Was aber Angst wirklich erscheinen lässt, kann selbst nur Illusion sein. Die Angst folgt der Trennung so sicher auf dem Fuße wie die Liebe der Einheit. Doch die Welt ist keine Fehlschöpfung Gottes, sie ist grandioses, ehrwürdiges Werkzeug der Selbsterkenntnis – gegeben, dir zu dienen.

Deine Aufgabe, von dir und an dich selbst gestellt, liegt darin, den Täuschungen der Welt zu widerstehen. Die Welt macht wahrlich ›viel Lärm um nichts‹, weil Angst nichts ist, nichts als eine fehlerhafte Wahrnehmung deiner selbst.

Affirmation:
»Ich erkenne die Wahrheit über mich an
und trage sie in die Welt.«

Tue was du willst

Dein freier Wille ist auf ewig unantastbar, denn so will es die Liebe deines Schöpfers. Mehr Liebe kann nicht sein, denn völlige Bedingungslosigkeit ist das Wesen der Liebe Gottes. Das Geschenk uneingeschränkter Willensfreiheit sollte dir Beweis genug sein, dass es die Berechtigung impliziert, von ihr Gebrauch zu machen.

Du bist Teil von Alles-was-Ist. Schöpfer und Geschöpf sind eins. Gott aber kann sich selbst keine Autorität überordnen. Wer also sollte dir befehlen? Löse also getrost die Handbremsen deines Lebens und sieh, wohin die Liebe dich führt: Gott setzt dich nicht in der 30er-Zone in einen Porsche, so absurd ist nur der Mensch. Konzepte von Schuld und Sühne sind Ausgeburten der irdischen Trennungsillusion und haben in der göttlichen Wirklichkeit keinerlei Substanz.

Dein freier Wille ist der Joker im Kartenspiel deines Lebens. Dein Wille ist Gottes Wille für dich. Es kann für dich keine Begrenzung geben außer der, die du dir selbst auferlegst. Die Illusion von einem prüfenden und strafenden Gott ist ein zutiefst menschliches Gedankenkonstrukt, eine Wahrnehmungsverzerrung, wie sie tragischer und fataler kaum sein könnte.

Immer wieder tappst du in die Falle von Angst, Schuld und vermeintlicher Sündhaftigkeit. Du gehst den heiligen Weg der Erkenntnis. Was und wen könnte Gott strafen wollen? Und wofür? Göttlicher Wille kann niemals unterlaufen werden, durch nichts und niemanden. Was glaubst du, wer du bist? Es gibt nur einen Gott und du bist Teil von ihm.

Affirmation:
»Ich bin vollkommen frei und
erfreue mich daran.«

Achte aufmerksam auf deine Bedürfnisse

Du verwechselst nur allzu leicht die Dinge, die du liebst, mit denen, die du haben willst, doch die Unterscheidung ist ganz einfach: Was du liebst, macht dich glücklich.

Besitztümer kommen und gehen, sie fallen der Zeit anheim. Dein Sein jedoch ist jenseits von Raum und Zeit. Dein Sein ist so ewig wie das deines Schöpfers, dessen heiliges Erbgut du trägst. Wer also für Geld und Besitz jeden Preis zahlt, der macht die Rechnung ohne den Wirt, denn nur das frei Geschenkte kann deine Seele sättigen. Das vermag allein die Liebe.

Wenn es käuflich ist, dann kann es keine Liebe sein. Nichts, was käuflich ist, kann bis in deine Seele reichen. Da ist nichts, was du dir verdienen musst. Alles, was du brauchst, ist frei verfügbar. Liebe ist immer da, so wie du sie willst. Mehr braucht es nicht, mehr hat es nie gebraucht. In deiner Welt scheint es von allem zu wenig zu geben. Der innere Mangel, welcher deiner irrigen Selbstwahrnehmung entspringt, manifestiert sich allerorten im Außen. Solange du deine göttliche Vollkommenheit nicht anerkennst, kannst du auch deiner Bedürfnislosigkeit nicht gewahr sein. Was könnte der brauchen, der alles ist?

Das Einzige, was dich und somit deine Welt von dieser Illusion heilen und Fülle manifestieren kann, nämlich deine Liebe zu dir selbst, kommt dir abhanden bei der verzweifelten Jagd nach all dem, wovon nicht genug da ist. Doch tatsächlich fehlt es dir und der Welt ausschließlich an Liebe. Wo Liebe ist, da herrschen Reichtum, Fülle und Überfluss.

Affirmation:
»Ich gestehe mir freudig alles zu,
was ich brauche.«

Widerstrebe nicht dem Übel

Du bestärkst das, was du bekämpfst, denn du stattest es mit Bewusstsein aus und damit mit Energie. Willst du dein Ego entmachten, dann solltest du aufhören, es zu bekämpfen. Die Erkenntnis, dass es kein Todesurteil über das Ego braucht, ist sein Todesurteil, denn nie wird das Ego nachhaltiger geschwächt.

Du kannst dein Ego nicht ›weghassen‹, du kannst dich selbst nur ›gesund lieben‹, denn du kannst immer nur das heilen, was du liebst: Liebe ist Heilung. Alles, was nicht Liebe ist, ist Illusion und ihrem Wesen nach völlig machtlos.

Dein Ego ist nicht dein Feind! Dein Ego ist gott-gegebenes Werkzeug der Selbsterkenntnis. Alles kommt von Gott und nichts kann es jemals geben, das da außerhalb von ihm wäre. Es gibt kein Außerhalb-von-Gott. Liebe dich selbst trotz aller Gewalt, die du dir selbst antust. Das ist wahre Heilung!

Wer mit seinen eigenen Grenzen konfrontiert wurde und weiß, was es bedeutet, gegen die Wände des Lebens zu rennen, der will und kann auch die Grenzen seiner Mitmenschen achten und nachvollziehen. Nichts entschärft, entkräftet und verkürzt Leid so sehr, wie seine Akzeptanz. Der Mensch wird - getragen von der Akzeptanz des Status quo - neue Perspektiven suchen, neue Möglichkeiten ausloten und sich neu orientieren. Da und dort, wo du leidest, ist der Schmerz das größte Problem. Der Schmerz aber entsteht durch die Abwehr und Ablehnung der Erfahrung. Das Schmerzhafte am Leid ist das Nicht-wahrhaben-Wollen der Situation als solche. Aus Sicht der ewigen Wirklichkeit betrachtet gibt es keine bösen und tragischen Wendungen und Schicksale, es gibt nur solche, die du nicht verstehst. Der scheinbare Fluch führt immer und unfehlbar zum Segen.

Affirmation:
»Ich vertraue dem Fluss des Lebens - auch dort, wo ich es nicht verstehe.«

Stelle dich in den Dienst Gottes

In der gelebten Liebe gibst du Gott recht und erlaubst ihm, sich durch dich auszudrücken. Im Vergleich dazu ist und bleibt alles andere leeres Lippenbekenntnis. Die gelebte Liebe ist und bleibt die höchste Form des Gebetes. Am Ende deines Lebens wirst du dich nicht fragen, wie viel und inbrünstig du gebetet hast, sondern wie sehr du geliebt hast.

Liebe ist Gebet, das keine Worte braucht; Liebe ist tätiges, verwirklichtes Gebet. Du definierst dich über das, was du denkst ebenso wie über das, was du fühlst. Beides, der Gedanke und auch das Gefühl, dient deiner Selbstdefinition und damit deiner Selbsterkenntnis. Sind es Konzepte der Liebe, des Mitgefühls und des Verständnisses, so hast du dich erkannt als das, was du bist: Ein Wesen, das sich selbst als Liebe erschaut und in Liebe ausdrückt.

Selbsterkenntnis und Gotteserkenntnis ist ein und dasselbe. Du magst glauben, du hast liebevolle Gedanken. Tatsächlich jedoch bist du denkende Liebe! Du bist Liebe, sich ihrer selbst vollkommen bewusst. Immer dann, wenn du ohne Liebe bist, irrst du dich über dich selbst.

Du hast dich selbst übersehen. Die einfache Tatsache, dass du niemals lieblos und dennoch gleichzeitig glücklich sein kannst, dürfte dir Beweis genug dafür sein, dass hier etwas nicht stimmig ist. Was nicht stimmig ist, das ist wider deine Natur. So tust du denn sehr gut daran, dir selbst zuzuhören und deinen eigenen Gedanken zu lauschen. Hier kannst du viel über dich selbst, über dein Selbstbildnis, lernen und erfahren.

Affirmation:
»Ich bringe mir selbst
alle Aufmerksamkeit entgegen.«

Auf zu neuen Ufern

Du fürchtest das Neue in deinem Leben, weil du das Alte nicht verstehst. Die schöpferische Kraft des Neuen ist ein Daseinsaspekt menschlichen Lebens, den du sehr zu Unrecht mehr fürchtest als ehrst.

Es ist zutiefst menschlich, dass du die eingetretenen, vertrauten Pfade den neuen und unbekannten vorziehst. Je mehr du dich selbst liebst, desto mehr kann die Furcht vor dem Unbekannten einer zuversichtlichen, vertrauensvollen Neugier weichen. In der göttlichen Wirklichkeit, die auch die deine ist, bist du zutiefst geborgen und allzeit in völliger

Sicherheit. In dem Maße, in dem du dich selbst liebst, kann sich die Wirklichkeit dir offenbaren in all ihrer wundervollen Herrlichkeit.

Die Chancen des Augenblicks sind immer maximal, denn Gottes unermessliche Liebe ist in einem Augenblick nicht wirksamer als in einem anderen. Die Geburtsstunde der Dinge ist immer ein wahrhaft heiliger Moment. Ohne Selbstvertrauen, das den Dingen den notwendigen Anschub verleiht, bleibt es bei Stagnation und Stillstand. Du kennst das aus leidiger persönlicher Erfahrung, wenn du dich in einer bestimmten Lebenslage wie gelähmt fühlst und die Dinge zu stagnieren scheinen. Das Leben scheint wie eingefroren. Doch das Leben spürt sich selbst, indem es sich bewegt. Liebe ist allgegenwärtig, und so steht sie sowohl am Anfang als auch am Ende aller Dinge.

Affirmation:
»Zuversichtlich ergreife ich das Leben
und all seine Geschenke.«

Lass los, was deinen Frieden stört

Jeder Akt des Loslassens ist für das Ego ein empfindlicher Schlag, der es seinem Ende näherbringt, und deshalb fürchtet das Ego nichts so sehr, wie wenn du dich entspannt und zuversichtlich zurücklehnst und die Geschicke der göttlichen Führung in dir überantwortest.

Loslassen bedeutet schlussendlich, dem Ego das Vertrauen zu entziehen und es an höherer Stelle zu investieren. Kürzer kann die ›Entfernung‹ von dir zu

Gott innerhalb der Materie nicht sein. Loslassen ist praktiziertes, angewandtes Vertrauen, es ist der Schlüssel zu einem Leben in tiefer Gelassenheit inmitten der tosenden Stürme deines Lebens. Kein Mensch kann alle Lebenslast alleine tragen und niemand muss es. Im vertrauensvollen Loslassen legst du die Geschicke in die Hände des Schöpfers und weiser kannst du nicht sein.

Ein Problem kann nur dort gelöst werden, wo es ist, und Zukunftssorgen sind ein Gegenwartsproblem. Wie also kannst du für die Zukunft vorsorgen? Dies tust du, indem du dir keine Sorgen machst. Du tust es, indem du deine Ängste und Befürchtungen loslässt. Du tust es, indem du dich in unerschütterliches Gottvertrauen fallen lässt. Das ist Zukunftsvorsorge vom Feinsten! Das ist Zukunftsvorsorge, wie sie kein Bankkonto, keine Lebensversicherung und keine Vorsorgeuntersuchung jemals leisten kann. Welche Maßnahmen du auch immer ergreifen willst und für notwendig erachtest, tue es im tiefen Vertrauen auf Gottes weise Führung. Liebe ist ein unfehlbarer Ratgeber. Komme, was da wolle.

Affirmation:
»Ich bin im Frieden mit mir und dem Leben.
Für alles ist bestens gesorgt.«

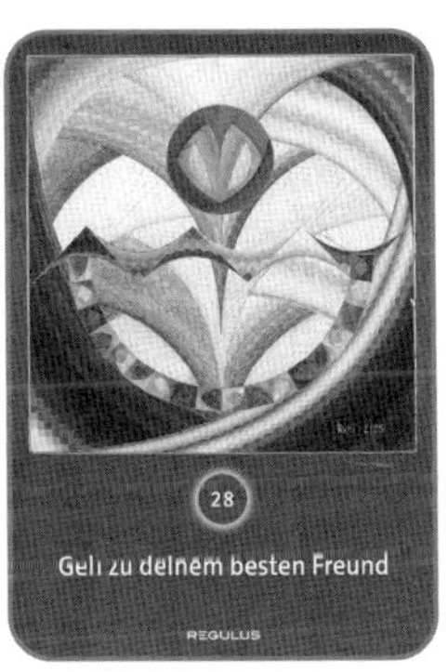

Geh zu deinem besten Freund

Beten ist Vertrauenssache. Du kannst nicht ernsthaft mit Gott reden wollen, wenn du ihn fürchtest. Geh zu Gott wie zu deinem besten Freund, denn wahrlich, das ist er! Vor deinem Schöpfer kann es nie einen falschen Gedanken geben, nie ein falsches Wort oder ein falsches Gefühl. Geh zu ihm wie zu deinem treuesten Freund - und dein Gebet wird ein fruchtbares. Nichts ist natürlicher als die Zwiesprache, die aktive und konkrete Kommunikation mit deinem Schöpfer.

Im Gebet geht es darum, dich deinem Schöpfer in deinem ganzen Sosein zuzuwenden und hinzugeben. Gott ist immer nur einen winzigen Gedanken weit entfernt. Dein Gebet verändert Gott nicht, aber es verändert dich! Es weitet und schärft dein Bewusstsein für die ewige Einheit von Schöpfer und Geschöpf. Nichts wird auf Erden so unsinnig und unnötig verkompliziert. Das Gebet wird allerlei Regeln und Ritualen unterworfen, die allesamt schön und gut sind, der ›Erfolg‹ des Gespräches ist jedoch nicht davon abhängig. Liebe und Hingabe – mehr braucht es nicht!

Du warst, bist und bleibst in jedem Augenblick der Ewigkeit Teil von Gott selbst, der sich dazu entschieden hat, diese Art von Erfahrung des Getrenntseins zu machen, um sich aus sich selbst heraus zurückzuerinnern an seine wahre Identität. Im Gebet feierst du dein Einssein, deine Gemeinschaft mit Gott. In diesen beschwerlichen irdischen Zeiten des Glaubens an eine Trennung von Gott lässt der Schöpfer dich erst recht nicht allein. Nie ist Gott so sehr in deiner Nähe, ja sogar ganz und gar bei dir, wie in Zeiten irdischen Lebens. Wann brauchst du Gott denn dringender als hier und jetzt?

Affirmation:
»Zu jeder Zeit kann ich mich dir anvertrauen.«

Vergib dir deine Irrtümer

Immer wenn du Angst hast, irrst du dich über dich selbst. Angst ist ein schleichender Prozess der Selbstverstümmelung. Sie entfernt dich von dir selbst, bis du deiner Wirklichkeit nicht mehr gewahr bist, und lässt dich abgespalten von dir selbst zurück, in dem Glauben, du seiest das, was sie von dir übrig gelassen hat.

Wie wir wissen, ist Angst das, was sich einstellt, wenn du dir der Allgegenwart der Liebe nicht bewusst bist. Wenn du Angst hast, dann hast du dich selbst - einmal mehr - übersehen. Besinne dich auf dich selbst! Erinnere dich daran, wer und was du bist, und dann lass es gut sein. Du bist gesegnet, weil du irren kannst. Wenn du jedoch den Irrtum als solchen verurteilst, dann bist du neuerlich im Irrtum und dieser zweite ist größer als der erste.

Der Begriff der Vollkommenheit ist ein zutiefst göttliches Konzept, das im Bereich des Menschlichen jeder Sinnhaftigkeit entbehrt und entbehren muss. Das verzweifelte Streben nach einer Perfektion, die letztlich fiktiv ist und nur illusorisch sein kann, mündet unweigerlich in einen ebenso fiktiven Allmachtsglauben, der einem fiebrigen Wahn gleichkommt. Wer innerhalb irdisch-menschlicher Erfahrungsrealität an die Machbarkeit von allem glaubt, der wähnt sich allmächtig und klammert sich in seiner Ohnmacht an das Unmögliche.

Wer sich selbst liebt, der genügt sich selbst. Die Grenzen deiner Persönlichkeit sind immer auch die Grenzen des für dich Machbaren. Allmachtsglaube ist Flucht vor sich selbst. Wer sich selbst jedoch fürchtet, der liebt sich nicht.

Affirmation:
»Ich bin Mensch, um Mensch zu sein.
Ich darf das.«

Die Antwort liegt in dir

Seit jeher suchst du nach einem Gottesbeweis. Suche die göttliche Wirklichkeit dort, wo sie dir am nächsten ist: in dir selbst. Dein göttliches Erbe ist dir in die Wiege gelegt, denn du bist der Liebe fähig. Sowie du dich auf die Liebe besinnst, erschließen sich dir die Dinge auf vollkommen natürliche Weise und mit überwältigender Selbstverständlichkeit.

Im Grunde und in Wahrheit ist es sehr viel mühseliger und schwieriger, Gott zu übersehen, als ihn zu finden. Du kannst ihn in einer Mücke ebenso erblicken, wie in einer Blume oder einem Tautropfen. Alles, was du mit Liebe ansiehst, erzählt und berichtet dir von ihm. Je mehr du mit Liebe auf dich selbst schaust, desto klarer wird dein Blick und desto deutlicher kann Gott sich dir offenbaren. Das Erwachen in die göttliche Wirklichkeit ist unermesslich schön. Unvorstellbare Glückseligkeit steht dir bevor, jederzeit greifbar, sowie du sie ergreifen willst, denn Liebe und Licht sind immerdar und allgegenwärtig.

Das Göttliche in dir – es will erkannt und erschaut werden und sich lebendigen Ausdruck verschaffen. Leben ist Gott und Gott ist Leben. Du bist immer nur in dem Maße lebendig, in dem du liebst. Schöpfe aus dem Vollen! Schöpfe dein volles Potenzial aus, denn dazu ist es dir gegeben. Die unermessliche Grenzenlosigkeit der Liebe garantiert dir ewiges Leben, denn Liebe ist unerschöpflich. Sie ist die ewige und einzige Antwort deines Schöpfers auf deine Frage nach dir selbst.

Affirmation:
»Ich weiß, wes Geistes Kind ich bin.«

Du bist Teil der Schöpfung

Die Schöpfung ist nicht als irgendetwas zu verstehen, das irgendwann, vor langer Zeit, stattgefunden hat und abgeschlossen wäre. Schöpfung ist ein ewiger, heiliger Prozess. Schöpfung ist das Leben als solches. Schöpfung ist Gott selbst, in ewiger Ausdehnung begriffen. Und du bist Teil davon!

Wenn du dich selbst liebst, dann fühlst du dich immer schöpfungsverbunden. Wer sich selbst liebt, der ehrt und liebt die Natur, denn sie ist euch Erdenkindern treusorgender Vater und nährende Mutter zugleich. Naturverbundenheit geht über die Freude an Fauna und Flora weit hinaus, obwohl sie natürlich auch das ist. Wenn du dich eins fühlst mit Mutter Erde und allem, was da kreucht und fleucht, dann bist du eingebettet in ein urgewaltiges, komplexes System, dessen Nutznießer du bist und sein sollst.

Alles ist gegeben, dir zu dienen. Je mehr du dich der Natur verbunden fühlst, desto verwurzelter bist du in dieser Welt. Die Natur ist ein grandioses System von permanentem, wechselseitigem Geben und Nehmen. Im Kleinsten wie im Größten ist sie ein ewiger Kreislauf vollkommenen Zusammenspiels, in dem alles und jedes seinen eigenen festen Platz im Gefüge einnimmt.

Oftmals fühlst du dich nicht mehr als kreatürliches Wesen und verlierst deine Bodenhaftung. Die Natur ist Synonym für Fülle, Nahrung und Schönheit. Wenn du dir ein Geschenk machen willst, das dir jederzeit zur Verfügung steht, dann erfreue dich an Mutter Natur. Sie ist eine Quelle beständiger Kraft und fördert das Gefühl des Einsseins mit dem Alles-was-Ist.

Affirmation:
»Ich bin Teil der Schöpfung, hier habe ich meinen festen Platz. Heimat ist überall.«

Bleibe achtsam

Achtsamkeit ist das Ohrenspitzen der Liebe. Achtsamkeit ist Liebe, die zuhört, und Liebe, die lauscht. Achtsamkeit für dein Sosein und Achtsamkeit für deine Belange sind immer von Erfolg gekrönt. Achtsamkeit entspringt dem tiefen Respekt vor dir selbst und damit auch dem Respekt vor deinem Schöpfer.

Lausche der leisen Stimme deines Herzens, die dir sagt, was du wirklich brauchst. Ewig erinnert sie dich an dein göttliches Erbe und lädt dich zur Selbstliebe ein. Nimmer solltest du ermüden in deinem Bestreben, dich selbst zu achten und zu ehren. Wenn du das vergisst, dann hast du – einmal mehr – übersehen, wes Geistes Kind du bist. Wer sich selbst liebt, der gibt Gott recht.

Eine wichtige, ja unabdingbare Eigenschaft der Achtsamkeit ist die Abwesenheit von Wertung. In der Liebe sind jede Wertung und jedes Urteil unmöglich. Liebe fegt jedes Urteil einfach hinweg, so wie du ein lästiges Ungeziefer verscheuchst. Liebe und Wertung schließen sich gegenseitig aus. Sowie du es wagst, dich vom Bewerten und Entwerten, vom Beurteilen und Verurteilen zu entfernen, wenn du nur einen winzig kleinen Schritt zurücktrittst und Abstand von deinem Ego nimmst, siehst du die Dinge um dich herum, wie auch dich selbst, mit ganz anderen Augen.

Schon ein geringfügiger Wechsel der Perspektive kann die Wahrnehmung in ungeahnter Weise verändern und erweitern: Du hast nicht das geringste Interesse daran, irgendein Urteil über dich zu fällen. Warum solltest du? Gott tut es auch nicht!

Affirmation:
»Ich habe und genieße meine
volle Aufmerksamkeit.«

Genieße deine Lebensreise

Es kann keine spannendere Reise geben als deine Reise in dein eigenes Ich, denn zum Zwecke der Selbsterkenntnis bist du hier. Immer erkundest du dich selbst, das ist Sinn und Zweck deiner Inkarnation.

Immer dann, wenn es dir an Selbstliebe mangelt, kommt dir bei deiner Erdenreise die natürliche Abenteuerlust abhanden. Mangel an Selbstliebe ist Angst - und bei Angst hört der Spaß eben auf! Abenteuerlust wird gespeist von einer wundervoll offenen Neugier - auf dich selbst und auf das Leben. Neugier ist die Triebfeder der Abenteuerlust, Selbstliebe ist ihr Motor. Dein Leben ist ein Spiel; ein Spiel, bei dem du nur gewinnen kannst, und so will es gelebt und verstanden sein. Niemals kannst du scheitern, denn der göttliche Schöpfungsplan ist ein Plan der Liebe. Was also hindert dich daran, dein Leben und dich selbst lustvoll und mit aller gebotenen Spannung zu erkunden?

Dein Leben mag dir mitunter wie das Schlachtfeld des Ego anmuten. Die Furcht vor dir selbst und dem Leben lässt oftmals keinerlei Raum für spielerisches Ausprobieren. Ohne eine gesunde Portion Abenteuerlust hechelst du ängstlich und vom Leben eingeschüchtert von Erfahrung zu Erfahrung, immer in Sorge, du könntest dich verletzen. Sowie Selbstliebe herrscht, erkennst du das Leben als das, was es ist: die Spielwiese des Göttlichen. Hast du Spaß am Leben, dann hast du verstanden, wie dein Schöpfer es gemeint hat.

Affirmation:
»Ich erlaube mir Spiel und Spaß,
denn ich habe allen Grund zur Freude.«

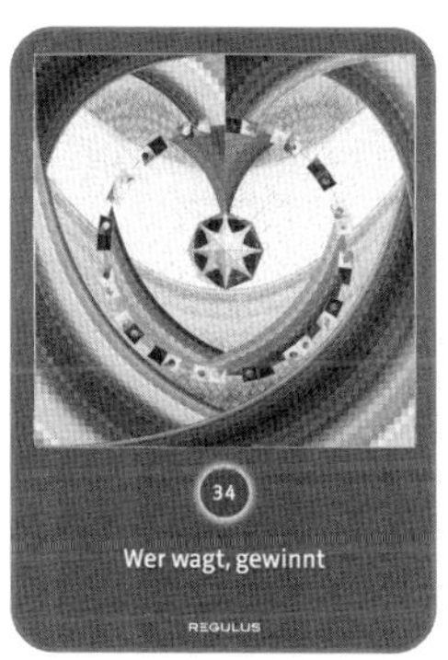

Wer wagt, gewinnt

Wenn du es wagst, dich auf Gott einzulassen, dann wirst du sehr rasch erkennen, dass es ein Wagnis war, es nicht zu tun. Vertrauen ist, wie die Liebe selbst, immer maximal. Beide bilden eine wundervolle, heilige Allianz und sind nicht voneinander zu trennen. Vertrauen in Gott, Vertrauen in das Leben als solches und Vertrauen in dich selbst sind letztlich ein und dasselbe, denn alles ist eins und zutiefst miteinander verwoben.

In seiner ganzen Komplexität ist das Leben kaum begreifbar. Wo wäre dein Vertrauen dringender vonnöten als hier? Wann, wenn nicht jetzt, brauchst du es denn? Da und dort, wo du das Leben nicht mehr verstehst, da springt das Gottvertrauen für dich in die Bresche. Vertrauen schützt vor Angst, denn Vertrauen ist gleichermaßen Anker und Rettungsring. Wenn du dich vertrauensvoll in die liebenden Arme Gottes fallen lässt, überstehst du auch die schwierigen Zeiten, wenn das Leben dich durch unruhige Fahrwasser führt.

Der Mensch, dem es an Vertrauen mangelt, hat immer eine gestörte Beziehung zu sich selbst und zu seinem Schöpfer. Urvertrauen entstammt dem grundsätzlichen Glauben an die Liebe des himmlischen Vaters zu seinem Kinde. Ein gestörtes Vertrauensverhältnis ist immer ein gestörtes Liebesverhältnis, denn beides ist untrennbar miteinander verbunden. Das Vertrauen in die Liebe und Güte Gottes ist unabdingbar für ein kraftvolles, mutiges und erfüllendes Leben auf Erden. Erst die Gewissheit der bedingungslosen Liebe des Schöpfers ermöglicht es dir, deine Selbstliebe zu pflegen und zum Ausdruck zu bringen.

Affirmation:
»Ich vertraue auf Gottes Liebe für mich, auch und gerade dann, wenn ich es selbst nicht kann.«

Sei reinen Herzens

Du kannst immer nur mit einem einzigen Maß messen, nämlich mit deinem eigenen. Dieses eigene Maß ist unmittelbar an deine Selbstwahrnehmung gekoppelt. Nichts kannst du im Außen wahrnehmen, was nicht auch in irgendeiner Weise in dir wäre und mit dir zu tun hätte. Niemand kann sich selbst entfliehen und so sprichst du in deinem Urteil über andere immer auch – und in erster Linie – dein eigenes. Du kannst also immer nur deine eigene Wahrheit leben und nur ihr kannst du treu sein. Wenn der Mensch mit sich selbst hadert und die Schwerter kreuzt, dann bleiben ihm nur Selbstbetrug, Lug und Illusion. Die tiefe Aussöhnung mit dir selbst, mit deinem eigenen Sosein und mit deinem Schöpfer ist Voraussetzung für ein Leben in Wahrhaftigkeit. Sei reinen Herzens!

Ein ehrlicher Mensch ist ein tapferer Mensch, denn da und dort, wo er an die Grenzen seiner Selbstliebe stößt, da fängt ihn der Mut sicher auf. Vorbehaltlose Selbsterforschung ist und sollte das beglückendste und spannendste Abenteuer sein, das du in deinem Leben erfahren kannst. Furchtlose Selbsterforschung führt immer zu Selbsterprobung und damit zu einer sehr intimen Erfahrung mit dem eigenen Selbst.

Dort, wo die Selbstsuche einhergeht mit Angst vor ungeahnten Tiefen, da geht es immer um abgespaltene Anteile des Selbst, die bereits im Vorfeld abgespalten wurden und ein scheinbares Untergrunddasein führen. Was nicht im eigenen Selbst vorbehaltlos angeschaut, akzeptiert, ja geliebt wird, das wird im anderen wahrgenommen und verurteilt. Im Bewusstsein der Liebe jedoch ist jede Verurteilung ewig unmöglich.

Affirmation:
»Es gibt keinen Grund, mich vor mir
selbst zu verbergen. Ich bin geliebt.«

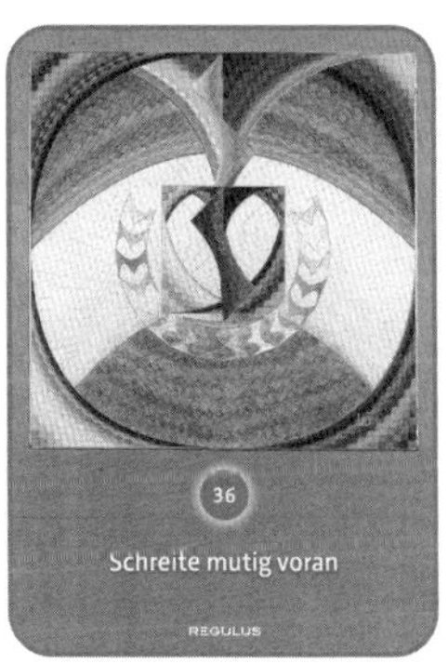

Schreite mutig voran

Mut ist das Anlaufnehmen des Herzens. Du reibst dich an dir selbst und genau darin liegt dein Wachstumspotenzial. In der Tat reibt sich der Mensch immer nur an sich selbst, auch wenn der Schein noch so sehr trügen mag. Menschwerdung ist ein grandioser, ein großartiger Akt des Mutes!

Du inkarnierst um der Liebe willen und die Liebe selbst, also die göttliche Schöpferkraft selbst, ist es, die dich mit allem ausstattet, was du für deine Erdenreise benötigst. Nie bist du ohne Hilfe und auf dich allein gestellt. Mut braucht es immer da und dort, wo es gilt, Angst zu überwinden und zu heilen. Wo, wenn nicht in deiner Welt, ist er also vonnöten? Es braucht Mut, dir selbst und deinem Sosein treu zu sein, dein Licht anzuerkennen und dich auch deinem Schatten zu stellen. Mut ist das Hilfsmittel der Liebe, das von Vertrauen gespeist wird.

Wie alle göttlichen Gaben und Geschenke, so ist auch der Mut dort anzutreffen, wo er notwendig ist und gebraucht wird. Wo, wenn nicht in der Dunkelheit der Trennungsillusion, könnte der Mut dringlicher vonnöten sein? Der Weg der Erkenntnis, der Weg durch die Irrungen und Wirrungen der Dualität, ist wahrhaft ein steiniger. Dein Kraftpunkt liegt immer in dir selbst. Hier wollen wir jedoch keinesfalls den Mut mit Aggression verwechseln oder auch nur in Verbindung bringen. Liebe verliert oder verirrt sich nie in Aggression, denn sie ist dem Wesen der Liebe völlig fremd. Außerdem ist Aggression viel zu uneffektiv, als dass sich die Liebe ihrer bedienen würde. Aggression ist das stumpfe Beil der Schwachen und Ängstlichen.

Affirmation:
»Alles, was ich brauche, ist mir gegeben.
Ich bin bestens ausgerüstet.«

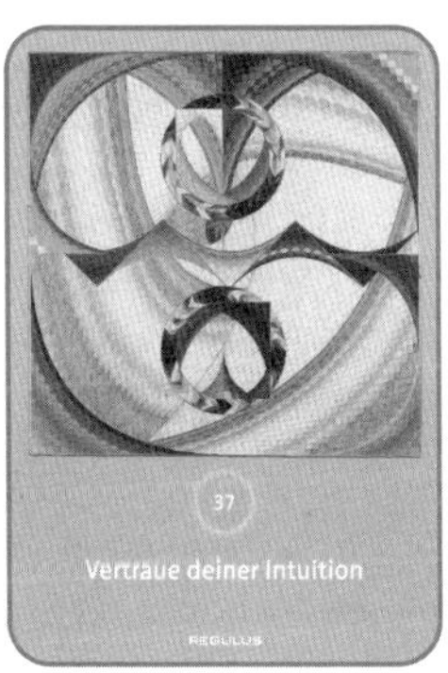

Vertraue deiner Intuition

Was sich nicht wie Liebe anfühlt, das ist auch keine! Nur Liebe ist Liebe und hier ist jegliches Missverständnis auf ewig vollkommen unmöglich. Was sich nicht wie Liebe anfühlt, das kann auch keine Liebe sein, sei es, was es da wolle, aber ganz gewiss keine Liebe.

Nur allzu oft und allzu leicht verwechselt der Mensch Liebe mit Angst und Angst mit Liebe. Dies ist dem Wesen der Dualität geschuldet. Vertraue deiner Intuition! Liebe macht unfehlbar glücklich, Angst ist unfehlbar schmerzhaft. Angst ist vergänglich, denn wo keine Liebe ist, da sind die Tage gezählt. Angst ist vergänglich, Liebe ist es nie. Die Dinge könnten gegensätzlicher nicht sein.

Die Welt, so, wie sie sich dir darstellt, mag dir ein Trugbild vorgaukeln und Liebe mit Angst verwechseln, dein Herz tut es nie, denn es kennt die Wahrheit. Liebe ist niemals partiell. Es gibt nicht ›ein bisschen‹ Liebe. Entweder es ist Liebe ganz und gar oder aber es ist keine. Nur Liebe fühlt sich an wie Liebe. Dies schließt grundsätzlich alle pathologischen Gefühlsauswüchse aus, die diese Welt so gerne als ›Liebe‹ bezeichnet und mit ihr verwechselt: Sicherheitsbedürfnis, das in Abhängigkeit entartet, Herrschsucht, die in Kontrollzwang ausufert, Egoismus, der ohne jede Rücksicht nur die Raffgier befriedigt und vieles mehr. Man kann ein Prinzip eben nicht an seinen Krankheiten erforschen und erkennen, sondern an seinen ›Gesundheiten‹.

Vertraue dir selbst, vertraue deinen Instinkten! Wahre Liebe ist ewig unwiderstehlich und so ist es vollkommen unmöglich, dass du sie übersiehst, weder in dir selbst noch im anderen.

Affirmation:
»Ich entscheide mich für Liebe,
denn das ist es, was ich bin.«

Vertraue der Dynamik des Lebens

Was wirklich ist, das währet ewig. Was jedoch nicht ewig währt, das kann niemals wirklich sein. Was immer du erblicken magst, wenn es nicht Liebe ist, dann ist es nicht wirklich und somit ein vergängliches Trugbild. Nichts als trügerische Illusion.

Gott schuf Liebe, weil er Liebe ist. Nichts anderes ward je geschaffen. Liebe ist der Stoff, aus dem alles gemacht ist, was jemals nach ihr fragen kann. Sie ist vollkommen offensichtlich, dennoch ist sie das größt mögliche aller Mysterien. Du bist aus Liebe geschaffen und somit bist du so ewig wie die Liebe selbst. Dein Leben ist kein ›Leben auf Zeit‹, denn Gott ist Liebe und was liebt, das tötet nicht.

Liebe bewahrt, sie hegt und pflegt das Geliebte. Unermesslich ist die Fürsorge der Liebe. Alles, was wirklich ist, währt ewig. Alles, was du bist, bleibt dir ewig erhalten, nichts geht verloren.

Was immer du glaubst, verlieren zu können, das gehört ins Reich der Illusionen und war nie wirklich. Was nicht ewig wirklich ist, das ist es nie gewesen. Mehr als du selbst hast du nicht und hattest du nie. Letztlich ist alles Leben ein Leben. Es gibt nur Leben. Alles andere sind unterschiedliche Facetten und Blickrichtungen. Und es wird keinen Morgen geben, an dem die Sonne nicht für dich aufgeht. Dieser Tag wird niemals kommen.

Affirmation:
»Ich bin und werde sein in Ewigkeit.«

Nimm dir Zeit

Es gibt keine andere Zeit als das ewige Jetzt und somit kann es auch keinen anderen Kraftpunkt geben, von dem aus Erfahrungsbildung möglich ist. In Vergangenheit und Zukunft ist Erfahrung denkbar, aber nur im Jetzt ist Erfahrung machbar.

Die Streuung deines Bewusstseins in Vergangenheit und Zukunft bewirkt eine tragische Verwässerung deiner Beziehung zu dir selbst. Wenn du Sorgen und Befürchtungen hegst, dann verlagerst du sie im Allgemeinen in die Zukunft. Das Ego hat guten Grund, die Zeit vor seinen Karren zu spannen und zu nutzen, um das Phantom der Angst zu nähren und zu stärken. Zeit ist genauso illusionär wie das Ego und die Angst selbst, das macht sie so brauchbar für die Angstverbreitung.

Das Jetzt fokussiert dich auf dein eigenes Sein. Es ist unmöglich, im Jetzt zu sein und dennoch nicht bei dir selbst. Wenn du dich selbst liebst, dann musst du weder nach vorne noch nach hinten flüchten. Wer immer im Jetzt lebt, hat keine Zeit, sich zu fürchten, denn hier bündelst du all deine Lebensenergie. Nur im Jetzt kannst du sein, nur im Jetzt kannst du lieben. Du kannst weder ›im Voraus lieben‹ noch kannst du ›nachträglich lieben‹, denn Liebe ist das Kind des ewigen Augenblicks.

Das Jetzt ist die machtvolle Schnittstelle zwischen Zeit und Ewigkeit. Es ist der Punkt, an dem die Illusion die Wirklichkeit berührt, deshalb ist es so machtvoll. Der Fokus auf das Jetzt befreit dich von einer geradezu ungeheuerlichen Last, denn er nimmt die Last der Illusion. Die Sensibilisierung für dein eigenes Sein ist nie so mächtig wie im Jetzt. Diese Fokussierung kommt einer massiven Bündelung deiner Lebensenergie gleich. Nimm dir Zeit!

Affirmation:
»Heute will ich ganz bei mir selbst bleiben.«

Was heilt, hat recht

Liebe ist nicht nur die höchste Form der Arznei, sie ist auch die einzige. Liebe ist das einzig mögliche Bollwerk gegen die Angst, in welcher Tarnung die Furcht auch immer daherkommen mag. Liebe enttarnt die Angst als das, was sie ist: nichts als Illusion, nichts als ein tragischer Irrtum über dich selbst. Da nur Liebe wirklich ist, kann auch nur sie Heilungspotenzial haben. Alles, was nicht Liebe ist, ist Schattenboxen und somit selbst Teil der Illusion. Nur Liebe ist Wahrheit und Wahrheit heilt. Liebe bewahrt sich selbst, dadurch bewahrheitet sie sich.

Die Heilungsfunktion der Liebe ist wahrhaft unermesslich. Wie es im Grunde und in Wahrheit nur eine Krankheit geben kann, so kann es auch nur ein Heilmittel geben. Die Welt erkennt die Arznei nicht, weil sie die Krankheit nicht versteht. Der einzig mögliche Angstauslöser ist, in welcher Tarnung auch immer, der Mangel an Liebe für und durch dich selbst. Wenn du dich selbst übersiehst, wenn du deine göttliche Natur verleugnest, dann übersiehst du die ewige Allgegenwart der Liebe und somit ihre ständige Verfügbarkeit.

Liebe heilt, dies tut sie in der einzig möglichen Weise: im Dabei-Belassen dessen, was geliebt wird. Das ist die heilige Schutzfunktion der Liebe selbst und damit des Göttlichen, die den ewigen Fortbestand alles jemals Geschaffenen sicherstellt. Wie könntest du dich selbst besser schützen, als dich stark zu machen – im Glauben an dich selbst? Wo keine Angst ist, da ist auch keine Heilung vonnöten. Liebe handelt dadurch, dass sie ist. Nichts kann jemals so mächtig sein, wie die pure reine Gegenwart der Liebe.

Affirmation:
»Ich erkenne an, dass ich Liebe bin
und erlaube mir, mich daran zu erinnern.«

Sei dankbar

Je mehr du dein Herz für die Dankbarkeit öffnest, desto klarer wird dein Blick für alle Gaben, die dir im Leben zuteilwerden, und umso mehr erkennst du den ihnen innewohnenden Segen für dich. Je mehr Dankbarkeit du empfindest, desto seltener wirst du in Situationen kommen, in denen du glaubst, bitten zu müssen. Dankbarkeit klärt den Blick dafür, dass in jedem Augenblick für dich gesorgt ist.

Wenn du tiefe Faszination für das Wunder der Liebe empfinden kannst, dann bist du beseelt und getragen von einem stillen, friedlichen Gefühl der Dankbarkeit.

Je bewusster deine Wahrnehmung der Liebe, desto tiefer auch dein Gefühl der Dankbarkeit. Sie ist die Demut des Herzens vor der unermesslichen Größe Gottes, wenn sie als das erkannt wird, was sie ist: reine Liebe.

Dankbarkeit hat nichts mit Pflichtgefühl zu tun. Sie setzt ein Bewusstsein für das Geschenk, die Gabe, voraus. Vielmehr ist Dankbarkeit ein tiefes Herzensbedürfnis. Wenn du dir deine Liebe zutiefst bewusst machst, kannst du nicht umhin, grenzenlose Dankbarkeit zu empfinden für das, was du bist. Je mehr du dich selbst liebst und ehrst, desto bewusster und deutlicher wird dir bewusst, dass du allen Grund dazu hast, deinem Schöpfer dankbar zu sein.

Mit deiner Liebesfähigkeit wurde dir die größte Macht gegeben, die es geben kann: die Macht zum Glücklichmachen. Begnadet ist, wer das Glück der Liebe erfährt, und gesegnet der, der sich dessen bewusst ist und sich dafür bedanken kann. So vermehrt die Dankbarkeit das Bewusstsein der Liebe und damit das Glück. Dankbarkeit ist eine Liebeserklärung an die Liebe selbst. Ein ›vollkommenes‹ Glück noch zu verbessern, das vermag die Dankbarkeit!

Affirmation:
»Ich bin dankbar für das, was ich bin.«

Du bist Gottes Lieblingskind

Du bist Gottes Lieblingskind, denn der Schöpfer hat nur Lieblingskinder. So etwas wie Auserwählte und Eingeweihte gibt es nicht, denn Liebe ist jedem gleichermaßen und jederzeit zugänglich, so auch dir.

Du bist die erste Liebe Gottes und du bist die letzte Liebe Gottes. Du bist die einzige Liebe Gottes, denn siehe, alles ist eins. Für dich, Mensch, der du auf Erden wandelst, ist die Einheit der Schöpfung mit dem Schöpfer ein abstraktes Gedankenkonstrukt, denn du unterliegst der dualen Wahrnehmung. Doch die Wirklichkeit der Einheit von allem je Geschaffenen offenbart sich dir auch auf Erden in der Liebe. Liebe allein überwindet die Dualität und lässt dich einen Blick in den Himmel erhaschen, der so allgegenwärtig ist wie die Liebe selbst. Liebe verbindet alles. Sie ist das heilige Band zwischen dir und deinen Mitmenschen, zwischen dir und aller Kreatur und auch zwischen dir und jeder anderen Welt. Alles und jedes ist demjenigen erreichbar, der liebt. Der Himmel ist in dir, wo, wenn nicht in deinem liebenden Herzen könnte er zu finden sein?

Du sehnst dich zurück nach deiner göttlichen Heimat und siehst nicht, dass du doch längst dort bist. Die Liebe Gottes ist immer und überall, so auch jetzt und hier. Du willst endlich ›ankommen‹. Der Schöpfer hat seine Kinder niemals verlassen, denn es kann keine Zeit, keinen Raum und keine Dimension geben, die da gottlos wäre. Es gibt kein Außerhalb-von-Gott. Deine Heimkehr ins Paradies ist lediglich eine Frage des Liebesbewusstseins, etwas anderes ist es nie gewesen. Deine himmlische Heimat, sie ist immer nur einen Liebeshauch von dir entfernt und es stand und steht dir jederzeit frei, sie zu betreten.

Affirmation:
»Der Himmel ist in mir,
es steht mir allzeit frei, ihn zu betreten.«

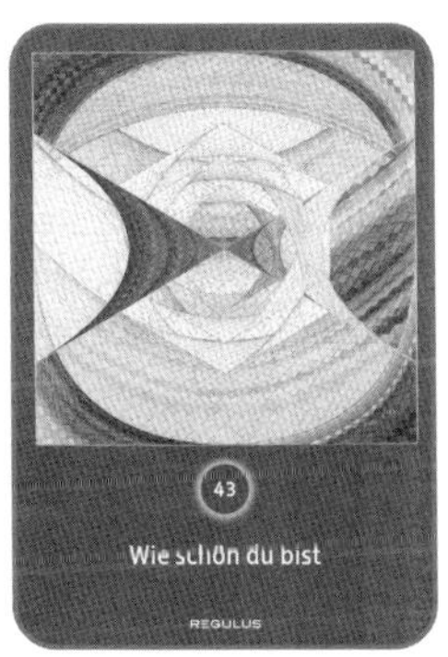

Wie schön du bist

Die Liebe erkunden bedeutet, Gott selbst zu erforschen und zu suchen. Liebe ist Gott und Gott ist Liebe. Die anmutige Schönheit Gottes ist der Schönheit der Liebe gleich und hier versagen alle Worte. Und so ist es denn auch mit allem und mit jedem: Liebe - nur Liebe - ist Schönheit. Liebe macht schön!

Schönheit ist immer und ausnahmslos eine Frage der Liebe. Je mehr du liebst, desto mehr kann sich dir deine gottgegebene, natürliche Schönheit offenbaren. Je mehr du liebst, auch dich selbst, desto klarer und ungetrübter dein Blick auf dich selbst, auf deine

Mitmenschen und auf die ganze wundervolle Schöpfung. Schönheit kommt weder von außen noch von innen. Schönheit ist. Sie ist ein der ganzen Schöpfung innewohnendes Seinsprinzip. Je mehr du dir der Allgegenwart der Schönheit bewusst bist, desto weiser bist du. In dem Maße, in dem du liebst, siehst du die Dinge, wie sie wirklich sind.

Die Welt mag dir vorgaukeln, dass Liebe blind mache, doch nichts ist weiter von der Wahrheit entfernt. Liebe öffnet die Augen, weil sie das Herz öffnet und nur mit dem Herzen sieht man. Das Herz hat die Augen Gottes! Die Wahrnehmung des Herzens geht weit über die Wahrnehmungsfähigkeit deiner physischen Augen hinaus und übersteigt sie um ein Vielfaches. Die Wahrnehmung deiner Augen mag der Illusion anheimfallen und wahrlich, sie tut es oft. Deine Augen gaukeln dir Trug- und Zerrbilder vor. Augen kann man blenden, Herzen jedoch nicht!

Affirmation:
»Ich bin schön, weil ich liebe.«

Es ist alles gut

Du bist hier in dieser Welt aus gutem Grunde. Die göttliche Weichenstellung versagt niemals. Der Zug des Lebens bringt dich immer und unfehlbar an den für dich richtigen Ort. In Gottes Plan gibt es weder Chaos noch Willkür. Nicht eine einzige winzige Mücke gibt es auf Erden, die ›zufällig‹ da wäre. Der tiefe, unerschütterliche Glaube an die Sinnhaftigkeit in allem und jedem lässt dich auch in dunklen und schweren Stunden auf ein gesundes, solides Urvertrauen zurückgreifen. Nur hier können Sicherheit und Stabilität gefunden werden. In dieser Weise gut geerdet, bist du vortrefflich gewappnet für die Stürme deines Lebens.

Urvertrauen ist ewiges, allgegenwärtiges Lebensprinzip und nicht an eine Dimension gebunden. Urvertrauen durchwebt die gesamte wundervolle Schöpfung, die materielle wie auch die geistige. Urvertrauen ist immer gerechtfertigt. Es rechtfertigt sich aus der allumfassenden Liebe des Schöpfers, und damit aus sich selbst heraus. Urvertrauen sagt: »Es ist alles gut.« Alles ist getan, für alles ist gesorgt. So war es am Anbeginn der Zeit und so ist es in Ewigkeit. Liebe bewahrt, hegt und pflegt das Geliebte. Die Fürsorge der Liebe ist wahrlich unermesslich. Nichts und niemand kann es geben, das da je verloren ginge, würde das doch der Liebe selbst völlig zuwiderlaufen. Du bist auf ewig geborgen in der Liebe deines Schöpfers.

Der illusionäre Charakter der Dualität mag dir ein anderes Bild vorgaukeln. Das, was sich dir als Vergänglichkeit darstellt, ist im Grunde und in Wahrheit nichts weniger als das. Vielmehr ist es ein ständiges Kommen und Gehen, dem Wechsel der Gezeiten vergleichbar. Kommen und Gehen stellt das Leben unter Beweis und nicht den Tod!

Affirmation:
»In guten Händen bin ich vollkommen geborgen.«

Kultiviere dein Gewissen

Die Beschaffenheit, die ›Arbeitsweise‹ deines Gewissens richtet sich grundsätzlich an deinem Denk- und Glaubenssystem aus, denn anhand dieser Inhalte und Kriterien entscheidet sich, ob und wann sich dein Gewissen zu Wort meldet. Wenn deine Werte stimmen, dann ›stimmt‹ auch dein Gewissen. Wenn die Selbstliebe Herr im Hause ist, ist das Gewissen dir ein vorzüglicher, treuer und verlässlicher Diener. Erziehe dich zur Selbstliebe!

Kommt die Selbstliebe deinem Gewissen verdächtig vor, dann vertraust du der grenzenlosen Weisheit und Vollkommenheit der Liebe noch nicht. Ein kultiviertes Gewissen schlägt immer dann Alarm, wenn du es dir selbst an Achtung, Respekt und Liebe mangeln lässt. Wenn du dein Gewissen zur reinen, bedingungslosen Liebe erziehst, ist es der ›Anwalt Gottes‹ in dir und kann ein wunderbarer Bote deines Höheren Selbst sein, ein Bote, der dir immer und ausnahmslos Liebesbriefe bringt. Die Dinge sind, wie so oft in der Welt, in das genaue Gegenteil verkehrt. Dein Gewissen ist dir deshalb so unbeliebt, weil es dir im Allgemeinen ausgerechnet die Dinge verbietet, die Glück und Lebensfreude bringen und Spaß machen.

Wo der Spaßfaktor ausbleibt und das eigene Glück geopfert werden soll, da schweigt das Gewissen. Der Protest des Gewissens legt sich oftmals erst dann, wenn wirklich auch der letzte Rest von Lebensbejahung zunichtegemacht wurde. Wenn dein Gewissen dich immer und unfehlbar zu Liebe, Lebensfreude und Spaß ermutigt und dir Respekt vor dir selbst und die Achtung deiner Eigenheiten ans Herz legt, dann hast du wirklich ein ›gutes‹ Gewissen!

Affirmation:
»Ich lausche der Stimme meines Höheren Selbst,
ihm will ich Glauben schenken.«

Du und die anderen

Übe dich darin, deinen Nächsten so zu wollen, wie er ist. Wie kannst du das bewerkstelligen? Wie erreichst du das? Indem du dich selbst so willst, wie du bist! Diese Liebe zum Mitmenschen definiert sich in erster Linie durch das ›Dabei-belassen-Wollen‹ des anderen.

Wahre Nächstenliebe ist nie invasiv oder usurpierend dem anderen gegenüber – und dennoch nicht gleichgültig. Nächstenliebe äußert sich durch ein stilles Gewährenlassen bei gleichzeitigem Interesse und einer grundsätzlichen Offenheit für den anderen. Je offener und wohlwollender du deinen Mitmenschen begegnest, umso weniger und seltener wirst du dich fühlen wie ein einsamer Einzelkämpfer auf weiter Flur. Im anderen lernst du immer auch für und über dich selbst.

Wenn du eine ›Traumversion‹ eines Menschen liebst, dann liebst du den Traum und nicht den Menschen. Keine zwei Menschen gibt es auf der Welt, die da vollkommen gleich wären, und sind da noch so viele Parallelen. Die gemeinsame Schnittmenge, die du mit deinen Mitmenschen teilst, verbindet euch sowohl emotional als auch intellektuell. In dieser gemeinsamen Schnittmenge, die du unablässig suchst, findest du dich selbst im anderen wieder. Hier fällt das Lieben leicht. In den Wesensanteilen, die ihr nicht miteinander teilt, in jeder Andersartigkeit, liegt die große Herausforderung. Lieben bedeutet nicht nur, einen Menschen so zu lassen, wie er ist, das musst du ohnehin, denn kein Mensch hat die Mittel und die Macht, einen anderen zu ändern. Lieben bedeutet, den Mitmenschen so zu wollen, wie er ist. So ist es mit der Nächstenliebe wie mit der Eigenliebe.

Affirmation:
»Du darfst so sein, wie du bist,
denn ich darf das auch.«

Lerne, was du lehrst

Das Leben als solches ist Selbstzweck. Es ist keine Schule, dennoch ergeben sich Lernen wie auch das Lehren einfach völlig selbstverständlich aus dem Leben selbst. Das Göttliche braucht keine Daseinsberechtigung, keine Legitimation und keinen Befähigungsnachweis. Du lebst um des Lebens willen. Alles Leben ist vollkommen frei geschenkt. In diesem Sinne gibt es nichts zu lernen und schon gar keine abschließende Prüfung, die du bestehen oder eben nicht bestehen kannst. Wo es nichts zu lernen gibt, da ist Versagen unmöglich. Leben ist reines, pures Sein

Gott schickt dich nicht in die Schule, denn im Leben gibt es kein Pflichtziel zu erreichen. Dies ist für dich deshalb schwerlich zu begreifen, weil du es kaum wagst, an die Bedingungslosigkeit göttlicher Liebe zu glauben. Menschen knüpfen Bedingungen an die Liebe, denn sie haben Erwartungen, Hoffnungen, Wünsche und Bedürfnisse. In Gott ist nichts von alledem. Es geht nicht darum, sich um irgendetwas verdient zu machen oder gar darum, einer Strafe für ein scheinbar gescheitertes Leben zu entgehen.

Lernen und Lehren sind lediglich Synonyme für Seelenwachstum. Alle Erfahrung, die du jemals machen kannst, ist nichts anderes als Selbsterfahrung und somit sich daraus ergebende Selbsterkenntnis. Immer bist du sowohl Lehrer als auch Schüler. Durch die Art deiner Lebensführung lehrst du sie gleichermaßen, wie du von ihr lernst. Nichts ist so mächtig wie das gelebte Vorbild. Vorgelebte, praktizierte Selbstliebe wirkt wie ein fruchtbares Samenkorn, das in jedem Boden keimen kann. Nie ist irgendetwas nur für dich selbst und alleine getan und erreicht. Du kannst nie mehr Nächstenliebe leben, lehren und lernen als in praktisch gelebter Selbstliebe.

Affirmation:
»Ich wachse an und mit mir selbst.«

Folge der Spur deiner Begeisterung

Das Leben erfordert Leidenschaft. Was dich mit Leidenschaft erfüllt, das ist zutiefst verwoben mit deinem Sosein, mit deinem ganz spezifischen Erfahrungshintergrund und mit der ganzen Einmaligkeit deiner Persönlichkeit. Es ist kein Zufall, dass manche Dinge dir einen glücklichen Glanz in die Augen zaubern und andere dich wiederum völlig kalt lassen. Leidenschaft ist ein Treue- und Liebesbekenntnis an die Sache selbst.

Je mehr du dich selbst liebst, desto leidenschaftlicher wirst du leben und leben wollen. Leidenschaft potenziert die Lebensenergie um ein Vielfaches. Im Grunde und in Wahrheit ist Leidenschaft nichts anderes als der freudig gelebte und geliebte Ausdruck des eigenen Soseins. Was immer dich glücklich macht, das muss Wahrheit über dich sein. Nie bist du dir selbst so dicht auf der Spur, wie im Angesicht deiner Leidenschaften. Deine Leidenschaft zeigt dir immer und unfehlbar den für dich richtigen Lebensweg. Deine Hingabe geht ihn.

Begeisterung und Leidenschaft entspringen den Tiefen der Seele und sind immer ein deutlicher und unfehlbarer Wegweiser für deine Lebensreise. Begeisterung ist ein klarer Hinweis auf deinen Seelenplan. Begeisterung und Leidenschaft sind immer eng an deine Talente und Fähigkeiten gekoppelt. Wo Leidenschaft der Motor ist für dein Machen und Tun, da ist die Begeisterung ihre Schubkraft. Begeisterung ist tätige, rührige Leidenschaft, sie ist Leidenschaft in Bewegung. Sie ist regelrecht ansteckend.

Affirmation:
»Ich bin von mir selbst begeistert,
so darf es sein.«

Über die Autorin

Bettina Büx, Jahrgang 1960, ist Autorin der gechannelten Buchreihe *Die Regulus-Botschaften*. Die vierfache Mutter lebt im deutschsprachigen Grenzgebiet Ostbelgiens.

Ihr tiefstes Interesse galt schon von Kindesbeinen an den spirituellen Fragen und geistigen Hintergründen des Lebens. Bereits in jungen Jahren ›wusste‹ sie, dass es ihre Berufung ist, zu schreiben und Botschaften aus der geistigen Welt zu vermitteln.

Nach vielen Umwälzungen in ihrem Privatleben und während langer, schwerer Krankheit widmete sie sich schließlich ganz den grundsätzlichen Lebensfragen. Sie hat sich schließlich, wie sie es selbst formuliert, »im wahrsten Sinne des Wortes gesundgeschrieben«, denn im Zuge ihrer schriftstellerischen Arbeit mit der geistigen Welt ist sie wider Erwarten und zu ihrer großen Freude vollständig genesen. Die wundersame Wirkung der Mitteilungen tat das Ihre und so ist es ihr gleichermaßen Bedürfnis und Berufung, die Botschaften, die sie als Geschenk von höchster Ebene betrachtet, weiterzugeben und einem breiten Publikum zugänglich zu machen.

Fragen zu ihren Büchern und zum Karten-Set beantwortet die Autorin gerne. Sie ist per E-Mail erreichbar unter: regulus-botschaften@gmx.de.

Oder über ihre Website:
www.die-regulus-botschaften.de

Über die Künstlerin

Martina Reimann, Jahrgang 1964, lebt in der Schweiz. Sie ist verheiratet und Mutter von 4 Kindern. Nach dem unerwarteten Tod ihres Sohnes, der innerhalb des ersten Lebensjahres an plötzlichem Kindstod verstorben ist, suchte sie nach Erklärungen über den Sinn des Lebens. Diese Suche führte sie auf den Weg zur Spiritualität.

Zu den ersten Berührungen mit Mutter Natur, den Heilkräften und den Energien der Erde kam es durch ihre Großmutter. Sie eröffnete ihr die Wahrnehmung zu einer Welt, die nicht mit dem physischen Auge sichtbar ist. Während einer kurzen Lebensphase nach der Schul- und Lehrzeit arbeitete sie als Polizeibeamtin in Zürich. Nach dem Tod ihres Sohnes orientierte sie sich um und arbeitet seitdem als Naturheilpraktikerin mit Diplom in TCM in eigener Praxis.

Ihr künstlerischer Werdegang begann bereits in jungen Jahren. Nach anfänglichen Skizzen begann sie 2003 hoch energetische holografische Bilder zu malen. Sie malt intuitiv ohne Vorlage und ihre einzigen Hilfsmittel sind Lineal, Tusche und Farbstifte. Sie ist selbst darüber überrascht, dass die Farbverläufe immer absolut passend sind. Mithilfe ihrer Energiebilder bringt sie die Menschen näher an ihre eigene Kraft und an ihr persönliches Potenzial.

Weitere Information zur Künstlerin und die Möglichkeit zum Kauf einzelner Bilder des Karten-Sets findest du auf ihrer Website: www.herzbild.ch.

Alle lieferbaren Regulus-Bücher

Das Einführungsbuch
Band I der *Regulus-Botschaften* bildet die Grundlagen spirituellen Basiswissens für jeden nach Sinnsuche und tiefem Verständnis strebenden Menschen.

In seinem Erstlingswerk beleuchtet Regulus alle essentiellen Bereiche unseres irdischen Lebens ausführlich. Mit nie dagewesenem Einfühlungsvermögen korrigiert und heilt er Schritt für Schritt unseren Blick auf das Leben und damit unseren verzerrten Blick auf uns selbst.

Unter Einbeziehung des Göttlichen stellt Regulus unsere Selbstwahrnehmung in einen völlig neuen, übergeordneten Kontext. Alle wesentlichen Aspekte menschlicher Erfahrungsrealität werden hier einer spirituell-philosophischen Analyse unterzogen, wie sie spannender und informativer nicht sein könnte.

Das Buch zum Thema Angst
Band II der *Regulus-Botschaften* widmet sich der Angst als solche und damit der grundsätzlichsten und folgenschwersten jeder irdisch-menschlichen Lebensproblematik. Hier wird die Angst in ihrem Kern

hinterfragt, gründlich analysiert und somit in ihrem tiefsten Wesen erkannt als das, was sie ist.

Der Schlüssel zur Überwindung unserer Angst liegt im Verständnis ihrer Natur und Wirkstrategien. In dieser Weise vermittelt und erarbeitet Regulus geeignete Lösungen, die einzig in der Liebe zu finden sind und macht sie für uns auf konkrete und praktische Art verfügbar.

Ein unverzichtbares Buch von unschätzbarem Nutzen für alle, die ihrer Angst endlich ein Ende setzen und inneren Frieden finden wollen.

Das Erleuchtungsbuch

Band III der *Regulus-Botschaften* widmet sich dem Thema Erleuchtung und ist ein unverzichtbarer Wegweiser und wertvoller Ratgeber für jeden nach individuellem Seelenwachstum strebenden Menschen.

Regulus definiert die Erleuchtung als einzig abhängig von der Steigerung des Liebesbewusstseins. Die Klarheit und Kompromisslosigkeit seiner Aussagen sprechen für sich selbst. Sanft und verständnisvoll führt uns Regulus an die Selbstliebe heran, die uns den Weg hin zu unserem spirituellen Erwachen bahnt.

Mit unwiderlegbarer Logik und einer Fülle konkreter Empfehlungen ebnet und erhellt uns Regulus unseren persönlichen Weg hin zur Liebe und damit zur Erleuchtung.

Das Buch über die Liebe

In Band IV der *Regulus-Botschaften* beleuchtet Regulus sowohl das Wesen Gottes als auch die Natur der Liebe als solche in nie dagewesener Weise. Ein Buch für all jene, die es immer schon ganz genau wissen wollten und den grundsätzlichsten Dingen des Lebens gerne auf den Grund gehen.

Regulus erklärt eindringlich und überzeugend, wieso die Frage nach unserem Schöpfer und die Frage nach dem Wesen der Liebe letztlich ein und dasselbe sind. Mit unwiderlegbarer Klarheit definiert er die Liebe als den göttlichen Wesenskern im Menschen selbst. So sehen wir die Liebe, die edelste aller menschlichen Empfindungen, und letztlich uns selbst mit völlig neuen Augen.

Das Nachschlagewerk der Gaben Gottes

Band V der *Regulus-Botschaften* widmet sich unserer schönen Erde mit all ihren Gaben und Geschenken. Hier werden die geistigen Hintergründe unserer Welt und ihrer Erscheinungen unter die Lupe genommen und einer genauen Betrachtung aus geistig-spiritueller Sicht unterzogen. Unser Blick auf unsere Außenwelt wird in wirkungsvoller Weise und nachhaltig geschärft.

Mit einer Fülle brandneuer Erkenntnisse lässt Regulus uns die Welt mit völlig neuen Augen betrachten, denn unsere Wahrnehmung wird verschoben, sowie wir die Dinge mit den Augen der Liebe betrachten.

Besonderes Augenmerk legt Regulus auf die heilerischen Wirkungen und Potenziale, die allen Gaben Gottes ganz natürlich innewohnen.

Das Buch über das Leben

In Band VI der *Regulus-Botschaften* widmet sich Regulus dem Menschsein als solches. Mit unvorstellbarer Liebe und tiefem Verständnis für alles Menschliche erörtert er die uns allen bestens bekannte Problematik unseres Lebens auf Erden und die besonderen Herausforderungen des Daseins innerhalb der Dualität.

Einfühlsam thematisiert Regulus die Schattenseiten des Menschen und zeigt sowohl Gründe als auch Lösungsansätze auf. Die Botschaft von Regulus könnte tröstlicher nicht sein, denn auch im Angesicht unserer Schattenanteile sind wir von unserem Schöpfer bedingungslos geliebt und vollkommen angenommen.

Das Buch vom Glück

Band VII der *Regulus-Botschaften* ist das Buch vom Glück. Diese Botschaften von Regulus sind genau das Richtige für all jene, die an ihrem Leben, an ihrer Liebenswürdigkeit und damit an ihrem Selbstwert zweifeln.

Wir alle, ein jeder von uns, ist unermesslich geliebt. Regulus' Botschaft könnte hoffnungsvoller und tröstlicher nicht sein. Sie macht Mut zur Selbstliebe und mehr Gewinn kann es innerhalb eines Erdenlebens kaum geben.

Regulus stärkt unser Vertrauen in die Bedingungslosigkeit der Liebe unseres Schöpfers, das jeder Selbstliebe zugrunde liegt. In dieser Weise legt er ein Fundament, auf das wir allzeit getrost und zuversichtlich aufbauen dürfen, eine Basis, wie sie tragfähiger nicht sein kann.

Das Buch der Weisheit

Band VIII der *Regulus-Botschaften* öffnet uns die Augen für die bedingungslose Liebe unseres Schöpfers und der geistigen Welt. Regulus spricht über das Leben in geistigen Sphären und schärft unser Bewusstsein für die ewige Tatsache, dass wir nie und nirgendwo allein sind, erst recht nicht in irdischen Gefilden und damit unter erschwerten Lebensbedingungen.

Erstmalig widmet er sich ausführlich dem Thema der Endlichkeit unseres Erdenlebens und damit dem Tod. Angesichts aller irdischer Leiderfahrung, für die er unendliches Verständnis und tiefen Respekt aufbringt, analysiert Regulus die Rolle Gottes wie auch die unsrige im Spiel des Lebens.

Das Buch der Meisterschaft

Band IX der *Regulus-Botschaften* widmet sich drängenden Fragen rund um das Thema ›Meisterschaft des Lebens‹, die ein jeder von uns auf seine ganz persönliche Weise anstrebt.

Was ist Meisterschaft? Was kennzeichnet ein gemeistertes Leben und wer entscheidet das? All diesen Fragen geht Regulus ausführlich und mit der von ihm gewohnten kompromisslosen Klarheit auf den Grund. Alle wichtigen Facetten und Bereiche unseres irdischen Lebens werden eingehend beleuchtet, wobei Regulus auch sensible Themen wie Scheidung oder Freitod einfühlsam erörtert.

Mit verblüffender Logik verdeutlicht er uns, warum die Meisterschaft des Lebens einzig über den Weg der Liebe zu erlangen ist. Regulus entschlüsselt die großen Zusammenhänge und schenkt uns somit einen weiteren unverzichtbaren Ratgeber und Wegweiser wenn es darum geht, in unserer persönlichen Entwicklung weiterzukommen.

Das Buch vom Vertrauen

Band X der *Regulus-Botschaften* ist das Buch vom Vertrauen, Vertrauen in Gott, Vertrauen in das Leben als solches und nicht zuletzt Vertrauen in uns selbst.

Regulus ermutigt uns in seinen Schriften eindrücklich dazu, uns unseren Selbstzweifeln tapfer zu stellen und ihnen mit mutigem Selbstvertrauen entgegen zu treten. Dieses Selbstvertrauen kann sich immer nur aus dem zuversichtlichen Glauben an die bedingungslose Liebe unseres Schöpfers speisen.

Sein ganzes Erdenleben lang bewegt sich der Mensch im Spannungsfeld zwischen Liebe und Angst. Die sich uns damit stellenden Herausforderungen könnten größer nicht sein, denn ist der Mensch erst einmal in irdische Gefilde inkarniert, dann wähnt er sich von seinem Schöpfer getrennt und somit auf sich selbst gestellt.

Besonderes Augenmerk legt Regulus hier auf die Bedeutung unseres freien Willens, der uns sowohl zum Segen als auch zum Fluch gereichen kann, je nachdem, ob wir unser Leben an der Liebe und somit an unserer göttlichen Natur orientieren oder aber an der Angst. An dieser einzigen Frage entscheidet sich letztlich unser Schicksal hier auf Erden.

EchnAton Verlag